AF142878

Ilona Orthwein

Crowdfunding

Grundlagen und Strategien für
Kapitalsuchende und Geldgeber

Orthwein, Ilona: Crowdfunding: Grundlagen und Strategien für Kapitalsuchende und Geldgeber, Hamburg, Igel Verlag RWS 2014

Buch-ISBN: 978-3-95485-102-7
PDF-eBook-ISBN: 978-3-95485-602-2
Druck/Herstellung: Igel Verlag RWS, Hamburg, 2014
Cover: Marta Czerwinski

Bibliografische Information der Deutschen Nationalbibliothek:
Die Deutsche Nationalbibliothek verzeichnet diese Publikation in der Deutschen Nationalbibliografie; detaillierte bibliografische Daten sind im Internet über http://dnb.d-nb.de abrufbar.

Das Werk einschließlich aller seiner Teile ist urheberrechtlich geschützt. Jede Verwertung außerhalb der Grenzen des Urheberrechtsgesetzes ist ohne Zustimmung des Verlages unzulässig und strafbar. Dies gilt insbesondere für Vervielfältigungen, Übersetzungen, Mikroverfilmungen und die Einspeicherung und Bearbeitung in elektronischen Systemen.

Die Wiedergabe von Gebrauchsnamen, Handelsnamen, Warenbezeichnungen usw. in diesem Werk berechtigt auch ohne besondere Kennzeichnung nicht zu der Annahme, dass solche Namen im Sinne der Warenzeichen- und Markenschutz-Gesetzgebung als frei zu betrachten wären und daher von jedermann benutzt werden dürften.

Die Informationen in diesem Werk wurden mit Sorgfalt erarbeitet. Dennoch können Fehler nicht vollständig ausgeschlossen werden und die Diplomica Verlag GmbH, die Autoren oder Übersetzer übernehmen keine juristische Verantwortung oder irgendeine Haftung für evtl. verbliebene fehlerhafte Angaben und deren Folgen.

Alle Rechte vorbehalten

© Igel Verlag RWS, Imprint der Diplomica Verlag GmbH
Hermannstal 119k, 22119 Hamburg
http://www.diplomica.de, Hamburg 2014
Printed in Germany

Inhalt

Bei Publikationen zu Finanzthemen gilt eine besondere Sorgfaltspflicht und Beachtung von Haftungsrisiken. Die Informationen in dieser Publikation basieren auf umfänglicher und gründlicher Recherche der Autorin. Dennoch können unbeabsichtigt Fehler auftreten und dargelegte Fakten rasch überholt sein. Haftungsansprüche jeglicher Art werden von der Autorin ausgeschlossen. Zudem wird ausdrücklich darauf hingewiesen, das jede Person, jede Organisation und jedes Unternehmen für die eigene Vermögensverwaltung, insbesondere für (private) Geldanlagen selbst verantwortlich ist und sich unbedingt über spezifische Finanzprodukte in Eigenregie immer aktuell informieren muss. Die Autorin übernimmt keinerlei Haftung für Schäden, welche durch falsche Schlussfolgerungen aus den Hinweisen in dieser Publikation entstanden sind.

Vorwort

Eine alternative Finanzierungsform, die ihren Anfang vor etwa einem Jahrzehnt in den USA genommen hat, wird auch bei uns zunehmend populär: Crowdfunding. Eines der bekanntesten Crowdfunding-Projekte ist der Kinofilm zur TV-Serie „Stromberg", der im Februar diesen Jahres in die deutschen Kinos kam. Die Produktionsfirma hatte Ende 2011 dafür eine Million Euro über Crowdfunding eingesammelt.

Das ermutigte andere. Anfang 2013 startete mit Stoersender.TV ein neues Sendeformat für Satire im Web, initiiert von führenden Köpfen der deutschen Kabarettszene und finanziert über Crowdfunding. Über 150.000 Euro kamen so zusammen. Zur gleichen Zeit erfüllte sich eine junge Frau in Berlin ihren Traum von einem kleinen Restaurant. Das Geld für die Einrichtung hatte sie sich über Crowdfunding beschafft. In einer anderen Ecke der Hauptstadt beschäftigt sich eine kleine Brauerei damit, die berühmte „Berliner Weiße" nach ursprünglicher Rezeptur zu erhalten. Über 21.000 Euro wurden ihr dafür mittels Crowdfunding bereitgestellt. In Dresden wollen ein findiger Physiker und sein Team ihren persönlichen Beitrag zur „Energiewende" zur leisten. Sie haben ein Verfahren ersonnen, durch das die Abwärme von dezentralen Datenservern für Heizung und Warmwasseraufbereitung in Wohn- und Bürogebäuden genutzt werden kann. Eine Million Euro Wachstumskapital hat die Crowd den Pionieren 2013 zur Verfügung gestellt.

Diese Beispiele zeigen, dass Crowdfunding immer weitere Kreise zieht und offenbar in der Mitte der Gesellschaft angekommen ist. Medien verkünden große Wachstumszahlen, und der allgemeine Enthusiasmus ist groß. Im Netz finden sich in laufend neue Crowdfunding-Angebote. Klassische Kreditinstitute interessieren sich zunehmend für die neue Finanzierungsform aus dem Internet, und selbst in den aktuellen Koalitionsvertrag der Bundesregierung hat Crowdfunding Eingang gefunden.

Parallel wächst die Verwirrung: Was verbirgt sich eigentlich hinter dem Begriff Crowdfunding und hinter den anderen englischen Begriffen, wie Crowdsourcing, Crowdinvesting, Crowdsponsoring etc., die damit in Zusammenhang stehen? Ist Crowdfundig DIE Finanzierungsalternative des Internetzeitalters? Oder ist das nur ein vorübergehender, vielleicht sogar gefährlicher neuer „Hype" am Finanzmarkt? Entwickelt sich hier möglicher Weise sogar eine neue Finanzmarktblase?

Um diese und andere Fragen beantworten zu können, muss man verstanden haben, worauf Crowdfunding basiert, wie, warum und für wen es funktioniert. Erst wenn man die Grundlagen begriffen hat, kann man einschätzen, welche Chancen und Risiken im Crowdfunding liegen.

Als langjährige Unternehmensberaterin und ehemalige Bankerin beschäftige ich mich seit etwa 25 Jahren mit Finanzierungsfragen von Unternehmen und Selbstständigen. Begreiflicher Weise faszinierte mich das Thema Crowdfunding sofort, als ich vor einigen Jahren erstmals davon hörte. Seit 2012 befasse ich mich eingängig mit der

Materie. Ich forsche, schreibe, referiere und berate zum Komplex Crowdfunding. Dabei beobachte ich die Entwicklungen im Markt mit den nüchternen Augen der langjährigen Finanzexpertin und vor meinem Hintergrund als Sozialwissenschaftlerin. Für mich ist das Thema Crowdfunding deswegen nicht auf das Generieren von Finanzkapital reduzierbar, sondern wesentlich vielschichtiger. Um Crowdfunding und seine Wirkweise zu verstehen, muss man sich zunächst mit dem Phänomen der Crowd beschäftigen. Darum habe ich dies an den Anfang meines Buches gestellt.

Wer sich mit Crowdfunding befasst, stößt immer wieder auf die Bezeichnung „Schwarmfinanzierung" als deutsches Synomym. Diese etwas seltsam anmutende Wortschöpfung weckt zwangsläufig Assoziationen zum Begriff „Schwarmintelligenz", den wir aus der Verhaltensforschung kennen. Das ist offenbar beabsichtigt, denn die Crowd als intelligenter Superorganismus ist eine Vorstellung, welche im Web immer wieder auftaucht, Hoffnungen weckt und selbstverständlich auch das Thema Crowdfunding berührt. Deswegen gehe ich der Frage nach, ob die Crowd tatsächlich als „intelligenter Schwarm" angesehen werden kann, oder das eine Fehlinterpretation ist.

Ich erkläre anschließend kurz die unterschiedlichen Formen von Crowdsourcing, ehe ich mich dem komplexen Bereich des Crowdfundings widme und die wesentlichen Ergebnisse meiner bisherigen Recherchen und Analysen vorstelle. Der Schwerpunkt meiner Betrachtungen liegt dabei auf dem deutschen Markt.

Die webgestützten Finanzierungsmethoden und -modalitäten, die unter dem Begriff Crowdfunding rangieren, sind allesamt noch relativ neu und befinden sich, schon aufgrund permanenter technischer Weiterentwicklungen und Marktveränderungen, in einem stetigen Wandlungsprozess. Crowdfunding ist folglich keim Thema, das sich zum gegenwärtigen Zeitpunkt abschließend behandeln ließe. Die Mehrzahl der relevanten Informationen über Crowdfunding ist überdies nur online zu finden. Das bedeutet zwangsläufig: Was heute gilt, kann morgen schon überholt oder gar nicht mehr auffindbar sein. Wer Crowdfunding als konkrete Finanzierungs- oder Investitionsmöglichkeit für sich in Betracht zieht, muss sich darum immer aktuell informieren.

Bei meinen Ausarbeitungen war ich um größte Sorgfalt, Aktualität und Vollständigkeit bemüht. Die Informationen in dieser Publikation liefern den Stand meiner Recherchen bis Anfang Mai 2014.

Dieses Buch vermittelt Grundlagenwissen und wird so für jeden Interessierten eine gute Handreichung sein. Es soll Kapitalsuchende und Geldgeber bei ihren Entscheidungen unterstützen, Hintergrundinformationen und Tipps für gelungenes Crowdfunding bereitstellen und einen Beitrag zum besseren Verständnis von Crowdfunding liefern.

Berlin, Mai 2014

Die Crowd - intelligenter Schwarm oder alles nur Kohl?

In den letzten Jahren ist immer häufiger das englische Wort Crowd zu lesen und zu hören. Von Crowdsourcing, Crowdfunding, Crowdinvesting, Crowdcreation, Crowdvoting und dergleichem mehr ist die Rede. Doch was verbirgt sich dahinter?

Abb.1: © caruso13 [Junge], © monticello– Fotolia.com

Dass es trotz phonetischer Ähnlichkeit mitnichten um Kraut im Sinne von Kohl geht, ist klar. Crowd als der englische Begriff für Menschenmenge oder Masse ist vielen von uns geläufig. Auch bekannt dürfte sein, dass es hier um die Menschenmassen im Internetzeitalter geht - also im Prinzip um uns alle.

Diese Internet-Crowd scheint ein Schlüsselfaktor unserer Zeit zu sein. Von ihr werden offenbar Lösungen und Antworten erwartet: Die Crowd als Ideengeber, Meinungsmacher, Projektentwickler, Wissenschaftler… Dass dabei mitunter vom „intelligenten Schwarm" oder von „Schwarmintelligenz" die Rede ist, lässt umso mehr hoffen.

Doch was ist tatsächlich dran am Phänomen Crowd und all den wunderbaren Möglichkeiten, die uns durch sie eröffnet werden sollen? Sind das realistische Erwartungen oder Projektionen allzu enthusiastischer Webaktivisten? Ist am Ende alles doch nur „Kohl"- will heißen: Unsinn?

Unbestritten, wenn viele Einzelne ihr bruchstückhaftes persönliches Wissen, Können und Vermögen zusammentun, kann Neues und Großes entstehen, das allen nützt. Dann gilt der berühmte Satz des antiken Philosophen Aristoteles (384 – 322 v. Chr.): „Das Ganze ist mehr als die Summe seiner Teile!"[1]

Dass Menschen sich austauschen, gemeinschaftlich engagieren und über individuelle Wissensbeiträge, ebenso wie durch Geld-, Zeit- und Sachspenden einen Beitrag für die Gemeinschaft leisten, zeichnet eine funktionierende Zivilgesellschaft schon immer aus. Dazu brauchte es nicht das Internet und die sozialen Medien. Neu ist allerdings die Art und Weise des Austausches im Webzeitalter, die aufgrund technischer Entwicklungen in immer rasanterem Tempo und in immer neuen Varianten erfolgt.

Was vor über 40 Jahren mit dem elektronischem Briefverkehr begann, wurde im Web 2.0-Zeitalter um viele Facetten bereichert. Parallel erhielten immer mehr Menschen Zugang zum Internet, und Hardware wurde immer erschwinglicher. Erst so konnte die Masse der Internetuser, die Crowd, entstehen und in einen blitzschnellen Austausch treten - rund um die Uhr und über Kontinente hinweg.

Das Unternehmen Intel® publiziert jährlich eine Infografik (s. u.), die veranschaulicht, was in einer einzigen(!) Minute im Internet alles passiert: 1,3 Millionen Videos werden angesehen, über 2 Millionen Google-Suchanfragen gestartet, 100.000 Tweets über den Kurznachrichtendienst Twitter und über 200 Millionen E-Mails verschickt, um nur einige dort genannte Beispiele anzuführen[2].

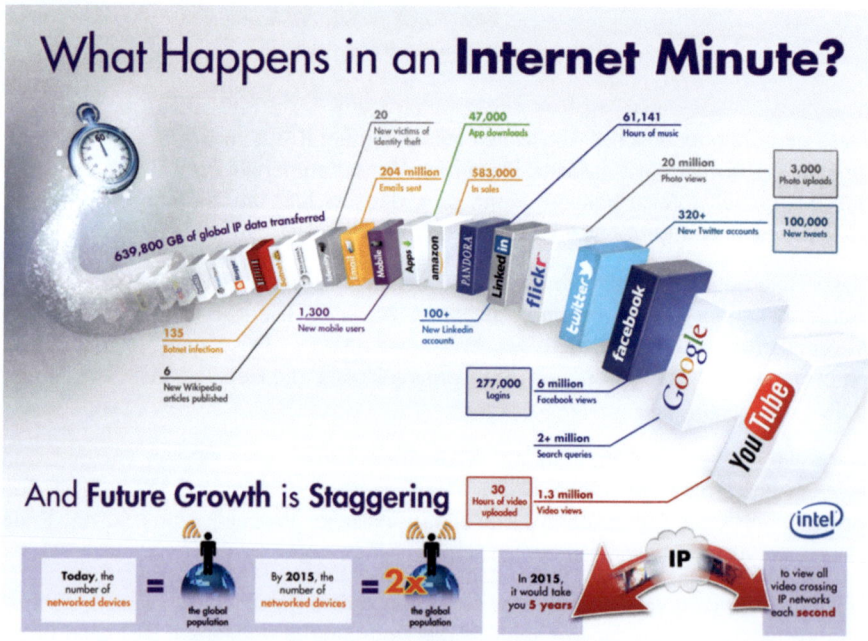

Abb. 2: © Intel Corporation, 2014

Zwischen einzelnen Menschen und Menschengruppen sind so ganz neue Verbindungen und Diskurse entstanden. Man teilt Wissen, Informationen, Ideen und Ressourcen mit Gleichgesinnten, trifft auf Personen, die man auf anderem Wege nie kennengelernt hätte. Man vernetzt und organisiert sich mit Hilfe der neuen Medien. Diese Entwicklung hat klassische Hierarchien in der Kommunikation aufgeweicht. Herrschaftswissen wurde abgelöst durch eine schier überbordende Informationsflut, aus der sich prinzipiell jeder bedienen, und zu der jeder etwas beitragen kann.

Dennoch, nicht alles, was im Netzzeitalter entstanden ist, erleben wir als förderlich. Es gibt das Abdriften in virtuelle Parallelwelten, es gibt Cyberkriminalität, Cybermobbing, den planmäßigen Missbrauch von Personendaten und vieles andere mehr. Gleichzeitig eröffnen sich ungeahnte Chancen zur Teilhabe. Selbst im tropischen Regenwald Lateinamerikas haben indigene Völker begonnen, sich am weltweiten Diskurs aktiv zu beteiligen: Digital vernetzt berichten sie unmittelbar über ihre Lebenssituation und über den Zustand ihrer Region. Aus einstigen Forschungsobjekten sind so Subjekte geworden, die ihre Stimme erheben und auf Augenhöhe mit Naturschutz- und Menschenrechtsorganisationen kooperieren.[3]

Aus der virtuellen Welt gibt es Rückkopplungen in die reale Welt. Das geschieht nicht zuletzt im Rahmen von gezielten webbasierten Projekten. Hier werden persönliche Treffen organisiert, nationale und internationale Tagungen und Kongresse ins Leben gerufen, um die entsprechende Gemeinschaft zu stärken, im und außerhalb des Netzes den Austausch zu verbessern. Eines der bekanntesten Projekte dieser Art ist die Internet-Enzyklopädie Wikipedia. Seit 2001 wird dort das „Wissen der Welt" von vielen Einzelnen über das Internet zusammengetragen. Jeder ist berufen, sich hier einzubringen. Akteur ist also die Crowd, die das Projekt nicht nur inhaltlich pflegt, sondern auch durch Geldspenden am Leben hält.[4] Die „Wikipedianer", wie sich die Menschen, die aktiv im Wikipedia-Projekt mitarbeiten, selbst nennen, sind national und international miteinander vernetzt. „Wikimedia Deutschland – Gesellschaft zur Förderung Freien Wissens e. V. (WMDE)" ist eine von der „Wikimedia Foundation" anerkannte nationale Wikimedia-Organisation für Deutschland mit Hauptsitz in Berlin. Sie sorgt dafür, dass die Wikipedia-Gemeinschaft sich auch außerhalb des virtuellen Raums kennenlernen und austauschen kann. So ist sie Veranstalterin von Meetings und Konferenzen wie „Wikimania", „Wikipedia-Academy" und der „Internationalen Wikimedia-Konferenz". Nach eigenen Angaben zählte der eingetragene Verein 2013 rund 5.300 Mitglieder.[5]

Ein „Wikipedianer" nimmt als Internetuser mutmaßlich noch viele weitere Rollen innerhalb der Crowd ein. Vielleicht diskutiert er gelegentlich in einem beruflichen oder politischen Forum, stellt Fotos für Freunde in die sozialen Netzwerke ein, teilt und bewertet dort Postings von anderen. Möglicher Weise zeichnet er Online-Petitionen, gibt Kundenbewertungen über ein Handelsportal ab, spielt gelegentlich online und wickelt sogar Finanzgeschäfte über das Netz ab. Ein und dieselbe Person ist folglich in der virtuellen, genauso wie in der realen Welt in verschiedenen Rollen und mit diversen Anliegen unterwegs.

Über das Internet findet das Individuum verschiedene Andockstellen, um sich nach seinen jeweiligen Bedürfnissen und Fähigkeiten einzubringen. In der Crowd bilden sich so immer neue, temporäre Netzwerke, von denen zwar Wertschöpfungsprozesse ausgehen können, aber nicht zwangsläufig ausgehen müssen. Die Crowd ist folglich mitnichten eine homogene Gruppe und erst recht kein Superorganismus, sondern besteht aus multiplen Verbindungen unterschiedlichster Menschen in verschiedenen Kontexten.

Doch was hat das mit „kollektiver Intelligenz" oder gar „Schwarmintelligenz" zu tun? Der Philosoph Pierre Lévy hat sich intensiv mit dem Wirken von Intelligenz im Cyberspace beschäftigt. Nach seiner Definition ist kollektive Intelligenz „eine Intelligenz, die überall verteilt ist, sich ununterbrochen ihren Wert erschafft, in Echtzeit koordiniert wird und Kompetenzen effektiv mobilisieren kann."[6] Nach dieser Definition, lässt sich behaupten, dass im Rahmen wertschöpfender Crowd-Prozesse kollektive Intelligenz durchaus aktiviert werden kann.

Der Begriff „Schwarmintelligenz" stammt dagegen aus dem Bereich der Biologie. Hier geht es um das Verhalten von Tieren, wie Fischen, Vögeln oder Insekten. Diese Tiere, als Einzelwesen mit Körperkraft und Intellekt nicht sonderlich großzügig ausgestattet, verhalten sich als Masse bzw. Schwarm überraschend intelligent und sichern so das Überleben ihrer Art.

Das Schwarmverhalten einzelner Tierarten lässt aber, wenn überhaupt, nur sehr bedingt Rückschlüsse auf menschliche Verhaltensweisen zu, zumal es sich bei diesen „Schwarmwesen" üblicher Weise um Gattungen handelt, die uns biologisch nicht sehr nahestehen. Dagegen wissen wir aus der Sozialpsychologie schon seit Gustave Le Bon (1841-1931)[7], dass sich Menschen in der Masse oft völlig irrational verhalten, dabei sich und anderen bisweilen großen Schaden zufügen. Nicht zuletzt im Hinblick auf die ideologischen Irrlehren des 19. und 20. Jahrhunderts sollten wir sehr vorsichtig sein, irgendeiner der Masse, sei es in Gestalt von Nation, Klasse oder Internet-Crowd übergeordnete Kompetenzen zuzusprechen.

Der bekannte Blogger und Internet-Kolumnist Sascha Lobo bringt es auf den Punkt: „Der digital vernetzte Schwarm ist die größte Projektionsfläche der Netzzeit. (…) Wer Schwarmintelligenz sagt, meint in den meisten Fällen schlicht Internet-Kollaboration. (…) Netzwerke, Web-Applikationen und Server-Landschaften, die derzeit unter dem Schlagwort Cloud vermarktet werden, können die Zusammenarbeit stark verändern und auch verbessern: Gleichzeitige Arbeit, beschleunigte Interaktionen, soziale Strukturen und Daten werden sichtbar und nachvollziehbar. Aber es bleibt das gemeinsame Projekt einer Gruppe." Und Lobo konstatiert: „Wenn viele zusammen an einer Sache arbeiten, dann ist das gut, Intelligenz ist dabei nicht zwangsläufig im Spiel."[8]

Die Ressourcen der Masse nutzen: Crowdsourcing

Die Potenziale der Crowd lassen sich mit Hilfe von modernen Technologien als „Quelle" (engl. source) erschließen und vielfältig nutzbar machen. Sie können beispielsweise der Wissensgewinnung dienen oder kreative Prozesse anschieben. Sie können Unternehmen wertvolle Informationen liefern und die politische Willensbildung beeinflussen. Solche interaktiven Vorgänge werden als Crowdsourcing bezeichnet.

Beispiele für gelungenes Crowdsourcing finden sich u. a. in der Astrophysik. Hobby-Astronomen haben schon immer wichtige Beiträge zur wissenschaftlichen Forschung geleistet. Jetzt können sie sich dank neuer Medien wesentlich besser untereinander und mit den Wissenschaftsprofis vernetzen und austauschen. Auf der „re:publica 2013" in Berlin berichtete die südafrikanische Astrophysikerin Carolina Ödman-Govender über ihre bisherigen Erfolge durch Crowdsourcing. Die Zukunft der Naturwissenschaften liegt ihrer Meinung nach im erfolgreichen Zusammenwirken in der Crowd.[9]

Die Potenziale der Crowd nutzen längst auch Unternehmen. Konsumenten sind im Internetzeitalter zu „Prosumenten" geworden, die aktiv in wirtschaftliche Vorgänge eingreifen können, Meinungen und Wertungen abgeben, Produktionsprozesse beeinflussen und so traditionelle Wertschöpfungsketten und Märkte verändern. Dies haben die Verfasser des „Cluetrain Manifests" schon 1999 erkannt: „Vernetzte Märkte beginnen sich schneller selbst zu organisieren als die Unternehmen, die sie traditionell beliefert haben. Mit Hilfe des Webs werden Märkte besser informiert, intelligenter und fordernder."[10]

Inzwischen gibt es eine Reihe von Beispielen, die belegen, welche Macht die Crowd hat. Sogenannte „Shitstorms" legten bereits verschiedentlich, wie 2010 im Falle von Nestlé, Internetseiten von Großunternehmen lahm und schädigten deren Ruf nachhaltig.[11] Auch Politiker und andere Personen des öffentlichen Lebens stehen zuweilen unter Beschuss. Aufdeckungen von Plagiaten in Doktorarbeiten bekannter Persönlichkeiten, wie im GuttenPlagWiki[12], sind Crowdsourcing-Beispiele der besonderen Art. Eine Publikation derart umfangreicher Enthüllungen in kürzester Zeit wäre ohne Internetmedien und eine Kollaboration in der Crowd nicht denkbar.

Doch nicht nur Informationen können auf Basis der neuen Technologien ausgetauscht, gebündelt und weitergeleitet werden, auch materielle Güter lassen sich mit Hilfe der neuen Medien verwalten und teilen. „Sharing Economy" heißt das neue Schlagwort. Damit gemeint ist eine gemeinschaftliche Nutzung individueller materieller Ressourcen. Unter dem Begriff „Collaborative Consumption" gilt diese Bewegung inzwischen als ein weltweiter Trend.[13] In der Crowd werden die unterschiedlichsten Dinge nach dem Motto „Zugang statt Besitz", getauscht, geteilt, gemeinsam genutzt: PKWs ebenso wie Fremdenzimmer, Lebensmittel genauso wie exklusive Designermode – wer teilt, schont den eigenen Geldbeutel und hat letztlich mehr. Dabei bezieht sich dieser Mehrwert nicht nur auf das Materielle, sondern hat durchaus soziale Komponenten. So werben Sharing-Portale mit der Chance, beim Teilen nette Leute kennenzulernen und gemeinsam mehr zu erleben.[14]

CROWDSOURCING IN SEINEN UNTERSCHIEDLICHEN VARIATIONEN

CROWDSOURCING

Der Oberbegriff bezeichnet allgemein Wertschöpfungsformen, welche in der Crowd (latent) vorhandene Kenntnisse, Fähigkeiten und andere Ressourcen zutage fördern und nutzbar machen.

CROWDCREATION

Hier geht es darum, die Crowd für schöpferische Prozesse zu nutzen und gemeinschaftlich an Projekten, Ideen, Designs oder Konzepten zu einem bestimmten Thema zu arbeiten.

CROWDVOTING

Hier wird die Crowd zum Abgeben von Bewertungen, Meinungen oder Empfehlungen aufgerufen.

CROWDSHARING

Bezeichnet das Teilen bzw. gemeinschaftliche Nutzen von materiellen Ressourcen in der Crowd. Schlagworte sind: „Sharing Economy" und „Collaborative Consumption".

CROWDFUNDING

Das Kernthema dieser Publikation beschreibt das Crowdsourcing auf der monetären Ebene. Einem Aufruf im Internet folgend, geben Einzelne überschaubare Beträge und bringen zusammen so große Summen für einen bestimmten Zweck auf.

Abb. 3: Crowdfunding - © S.John - Fotolia.com

Crowdfunding – ein komplexer Begriff

Vor dem Hintergrund von Banken- und Staatsschuldenkrisen zeichnet sich seit etwa zehn Jahren am Finanzmarkt eine neue „Graswurzelbewegung" ab: Unternehmen und Organisationen, die dem bestehenden Finanzsystem scheinbar den Kampf angesagt haben. Sie setzen auf Transparenz, Eigenverantwortung, die Funktionalität neuer Medien – und die finanziellen Ressourcen der Crowd. Die hehren Ansprüche dahinter sind: Gute Ideen und sinnvolle Projekte sollen nicht an mangelndem Geld oder restriktiver Vergabepraxis von Banken und öffentlicher Hand scheitern; Sparer und Spender sollen sicher sein können, wohin ihr Geld geht, Investitionskapital soll sinnvoll eingesetzt werden.

So haben sich unter der Bezeichnung „Crowdfunding" verschiedene, teilweise nur schwer gegeneinander abzugrenzende Finanzierungsmodelle etabliert. Wie schon erwähnt, ist Crowdfunding ist im Prinzip der Oberbegriff für alles ist, was sich als Crowdsourcing auf der monetären Ebene erfassen lässt. Es beschreibt eine kollektive Finanzierung (engl. funding) über das Internet auf Basis von relativ kleinen Einzelbeträgen, sagt aber noch nichts über die genauen Modalitäten aus.

Um eine Übersicht über die einzelnen Bereiche und ihre Schnittmengen zu bekommen, ist die nachstehende Grafik von Johannes Tschesche hilfreich:

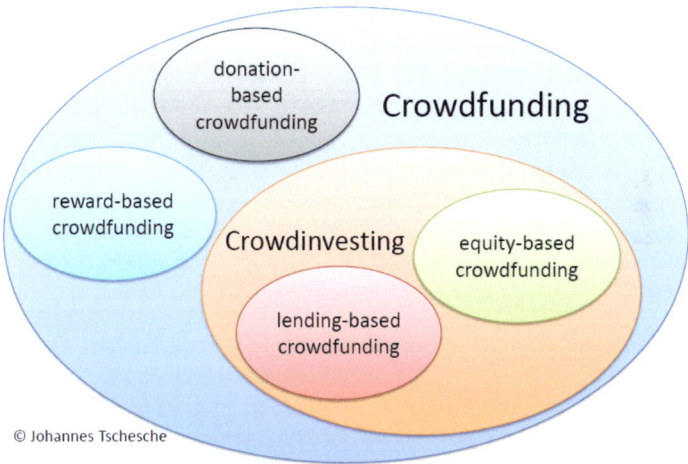

Abb. 4: Johannes Tschesche: Crowdinvesting: Ein Einordnungsversuch

Tschesche versucht, mit Unklarheiten aufzuräumen. Er zeigt, dass Crowdinvesting eine Unterform von Crowdfunding ist und keine eigenständige Finanzierungsform.

In Deutschland wird der Begriff Crowdfunding synomym für die Form "reward-based crowdfunding" bzw. Crowdsponsoring benutzt. Geldgeber erhalten Gegenleistungen, meist werthaltig gestaffelt nach Höhe des investierten Betrages. Wie im klassischen Sponsoring, wird damit eine wechselseitige Geschäftsbeziehung begründet.

Crowddonating (="donation-based crowdfunding") ist das Geldsammeln, das einem „guten Zweck" dienen soll, wofür keine individuellen Gegengaben erwartet werden. Diese Form rangiert bei uns unter dem Oberbegriff „Fundraising", welches aber an sich noch eine Reihe weiterer Methoden der Finanz- und Sachmittelakquisition umfasst und nur partiell im Internet stattfindet.

Wenn die Crowd mittel- bis langfrisitig in Unternehmen oder Projekte investiert, um deren Kapitalausstattung zu verbessern und eine Renditechance für die Geldgeber besteht, spricht man von Crowdinvesting. Dabei handelt es sich vielfach jedoch nicht um echtes Beteiligungskapital („equity-based crowdfunding"), sondern um Darlehen („lending-based crowdfunding"), die über einen festgesetzten Zeitraum gegen Zinsen und Gewinnbeteiligung gewährt werden. Durch die Beteiligung am Gewinn bei gleichzeitigem Verlustrisiko hat auch ein „lending-based" Crowdinvesting den Charakter einer echten Investition. Insofern passt der Begriff.

In Abgrenzung zum Crowdinvesting als mittel- bis langfristiger Geldleihe oder Kapitalbeteiligung steht das kurzfristige Crowdlending. Hier geht es um Darlehen über maximal fünf Jahre aus der Crowd. Diese werden üblicher Weise gut verzinst und sollen rasch zurückgeführt werden. Geläufig ist das Modell des Ratenkredits. Die Darlehenssummen bewegen sich im Mikrofinanzbereich, also bis 25.000 Euro. Die Bezeichnung „Crowdlending" wird wenig benutzt. Häufiger wird von „Microlending", „Social Lending" oder „Peer-to-Peer (P2P) Lending" gesprochen. Die relevanten Anbieter bringen ihre Finanzierungsmethode in der Außenkommunikation selten explizit mit Crowdfunding in Verbindung, obschon das Prinzip das von typische Crowdfunding-Prinzip ist: Über das Internet werden Darlehen vergeben, die sich aus kleinen Beträgen vieler Geldgeber zusammensetzen. Crowdlending wächst auch in Deutschland, insbesondere in der Finanzierung von Selbstständigen und kleinen Unternehmen, was nicht verwunderlich ist, da dieser Mikrofinanzmarkt von klassischen Kreditinstituten kaum noch bedient wird.

Neben sprachlichen Unklarheiten gibt es inhaltliche Vermischungen. Gelegentlich ist zu beobachten, dass bei Crowdinvestings zusätzlich zur Renditechance typische Sponsoring-Leistungen in Aussicht gestellt werden, wie z. B. Namensnennungen, Bezug von Produkten zum Vorzugspreis, Einladungen zu Firmenevents. Auffällig ist auch, dass sich im Crowdsponsoring-Bereich, ursprünglich eine Domäne von Künstlern und Kreativen, zunehmend (Start-up-)Unternehmen tummeln, die auf diese Weise ihre Eigenkapitalausstattung verbessern und ihre Produkte (testweise) vermarkten wollen.

Die Idee, dass viele Menschen mit überschaubaren Einzelbeträgen gemeinsam etwas finanzieren, woran ihnen liegt, oder was ihnen nutzt, ist freilich keine Erfindung des Internetzeitalters. Die Rechtsform der Aktiengesellschaft ist so entstanden und auch die Genossenschaftsbewegung, die sich ab Mitte des 19. Jahrhunderts formierte, sowie die Subskription von Druckerzeugnissen im Verlagswesen. Diese kollektiven Erfahrungen fließen ins moderne Crowdfunding ein.

Das Prinzip der kollektiven finanziellen Wertschöpfung ist also nicht neu, neu ist die Nutzung moderner Technik. Diese wird kontinuierlich optimiert und erweitert. Zu Internetplattformen und sozialen Medien sind spezielle Anwendungen („Apps") für Smartphones hinzugekommen, um weitere Segmente einer wachsenden Crowd zu erreichen. So bietet das Jungunternehmen Lendstar mit dem Slogan „Trust your friends, not banks!" eine Technik an, welche darauf ausgerichtet ist, dass sich Kollegen, Freunde, Bekannte und Verwandte kurzfristig Geld leihen oder für einen bestimmten Zweck sammeln, z. B. für ein gemeinschaftliches Geburtstagsgeschenk. Dieses Geschäftsmodell setzt bewusst auf bereits bestehende soziale Vernetzungen innerhalb der Crowd, wie sie bei den „Digital Natives", also der Generation, die mit den neuen Medien aufgewachsen ist, bestehen. Folgerichtig arbeitet Lendstar mit einer Smartphone-App. Sich selbst finanzierte das junge Unternehmen wiederum u. a. über eine Crowdinvesting-Kampagne: 183.250 Euro war die Unternehmensidee 215 Geldgebern aus der Crowd im Jahr 2013 wert.[15]

DIE WICHTSTEN CROWDFUNDING-METHODEN IM ÜBERBLICK:

CROWDINVESTING
Hier geht es um mittel- bis langfristige Kapitalbeteiligungen oder Darlehen aus der Crowd. Im Fokus stehen vor allem (junge) Unternehmen und Kapitalbeträge von 25.000 Euro bis 1 Million Euro.

CROWDLENDING
Dabei geht es um eine kurzzeitige Geldleihe – von wenigen Wochen bis zu fünf Jahren – und Beträge bis 25.000 Euro quasi „von Mensch zu Mensch". Man spricht darum auch von „Peer-to-Peer (P2P) Lending" oder „Social Lending". Darlehensnehmer können Privatpersonen oder Unternehmen sein.

CROWDDONATING
Hier ist die Basis eine freiwillige Geldspende, für die dem Spender keine Gegenleistung in Aussicht gestellt wird, sondern die nur der Erreichung eines vom Spender als wichtig angesehenen Ziels dient. Typische Beispiele für Crowddonating finden wir im Fundraising gemeinnütziger Einrichtungen ebenso wie bei der finanziellen Unterstützung von Open-Source-Software-Entwicklungen, Projekten wie Wikipedia oder „donation campaigns" von US-Politikern. US-Präsident Obama gilt als Vorreiter bei der erfolgreichen Nutzung sozialer Internetmedien für diesen Zweck in seinem 1. Wahlkampf 2008.

CROWDSPONSORING
Wie im Sponsoring üblich, erhält hier der Geldgeber eine verabredete werthaltige Gegenleistung für seine Geldspende. Dabei kann es sich um die öffentliche Nennung seines Namen im Zusammenhang mit dem geförderten Projekt handeln oder um Dinge, deren Zustandekommen durch das Funding erst möglich gemacht wurde. Auch andere geldwerte Leistungen, wie kostenfreie Nutzungsrechte oder Rabatte sind verbreitet. Der Begriff Crowdsponsoring wird in Deutschland kaum genutzt, verbirgt sich aber meistens hinter dem Finanzierungsverfahren, das landläufig bei uns mit „Crowdfunding", in Abgrenzung zu Crowdinvesting und Crowdlending, bezeichnet wird.

Crowdfunding boomt

Dass Kreative, Künstler, mittelständische und Start-up-Unternehmen, ebenso wie soziale Projekte sich gerne über die Crowd finanzieren wollen, hat gute Gründe:

- Staatliche Fördergelder für Gründer, Unternehmen, für soziale und kulturelle Projekte sind knapp.

- Bankdarlehen werden an Gründer und Selbstständige nur restrikitv vergeben - entsprechende Eigenkapitalquoten, gute Umsatz- und Ergebniszahlen und Kreditsicherheiten werden vielfach gefordert.

- Selbst etablierte Unternehmen haben es durch die Basel-Vorschriften, bankinterne Richtlinien und Ratings schwer, an (günstige) Bankfinanzierungen zu kommen.

- Für sogenanntes Venture Capital (VC), d. h. Risikokapitalbeteiligungen großen Stils, ist die Mehrzahl der (jungen) Unternehmungen nicht attraktiv und ihr Kapitalbedarf nicht groß genug.

- Eine große Zahl von Projekten, Selbstständigen und Kleinunternehmen hat einen Finanzierungsbedarf im Mikrokreditbereich. Solche Mikrokredite sind auf dem klassischen Kapitalmarkt kaum noch zu bekommen, da sich für Geschäftsbanken der Aufwand im Verhältnis zum Ertrag nicht rechnet.

In dieser Situation bietet Crowdfunding eine Alternative, die sich wachsender Beliebtheit erfreut. In absoluten Zahlen haben die deutschen Crowdfunding-Plattformen Ende 2013 schon 27,5 Millionen Euro[16] Kapital eingesammelt, wobei der Löwenanteil im Crowdinvesting-Bereich liegt.

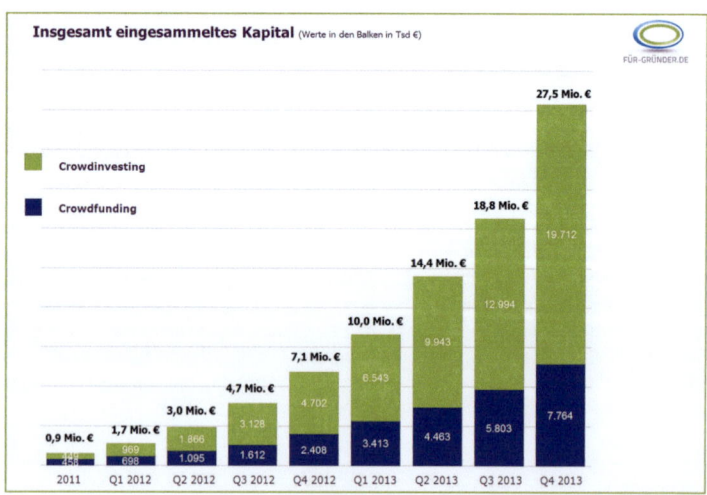

Abb. 5: Crowdfunding u. Crowdinvesting 2011-2013 insgesamt - © Für-Gründer.de

Vertraut man den Angaben des Crowdfunding-Monitors,[17] sind die Umsätze der deutschen Crowdinvesting-Plattformen im 1. Quartal 2014 gegenüber dem Gesamtvolumen des Vorjahres schon um rund drei Millionen Euro gestiegen. Allein diese Summe soll 15 Start-up-Unternehmen zugeflossen sein. Deutsche Marktführer im Crowdinvesting sind die Plattformen Seedmatch und Companisto.

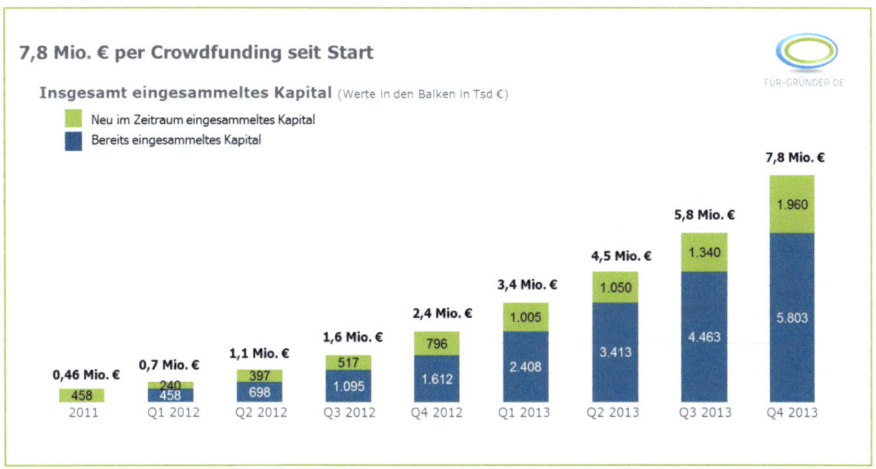

Abb. 6: Kapitalakquisition im (reward-based) Crowdfunding 2011-2013 © Für-Gründer.de

Auch (reward-based) Crowdfunding meldet signifikant steigende Umsätze, und Auxmoney, der deutsche Marktführer im Crowdlending, konnte mit 6,2 Millionen Euro im November 2013 einen neuen Rekord verzeichnen,[18] und dieser Erfolg hat offenbar sogleich drei neue Anbieter für Crowdlending auf den Plan gerufen: Zencap.de, Lendico.de und Finmar.com gingen 2014 ans Netz.

Gedämpft wird die Begeisterung von gelegentlichen Hiobsbotschaften. Das über die Plattform Seedmatch erfolgreich finanzierte Hotelbuchungsportal Betandsleep musste aufgeben. Die eingeworbenen 100.000 Euro aus der Crowd genügten dem Start-up nicht, und eine erhoffte Anschlussfinanzierung kam nicht zustande, so folgte auf die geglückte Finanzierung das Aus nach nur neun Monaten.[19] Dass mit der Life Action Games GmbH ein weiteres erfolgreich finanziertes Start-up zu scheitern drohe, wusste die „Wirtschafts Woche" im Mai 2014 zu berichten.[20] Daneben gibt es solche, um die es nach gelungenem Funding seltsam still wird, wie im Fall der mit 100.000 Euro (Fundingziel 50.000 Euro) erfolgreich (über-)finanzierten Geschäftsidee „Tampons for you".[21] Die Crowd erfährt oft nur spät von Problemen der Kapitalnehmer. Eine Übersicht insolventer oder vom Scheitern bedrohter Crowdinvestings liefert darum Crowdstreet.de.[22]

Ein anderer Knackpunkt scheint in der Vergabe der Prämien (engl. rewards) zu liegen. Man spricht in der Szene davon, dass diese nach geglücktem Funding häufig nicht ausgehändigt würden.[23] Sollten sich Negativ-Meldungen dieser Art mehren, könnte es mit dem gegenwärtigen Crowdfunding-Boom bald schon vorüber sein…

Für wen eignet sich welches Crowdfunding-Modell?

Ehe wir betrachten, wie und wo die Crowd als Finanzier aktiv wird, zunächst eine grobe Übersicht darüber, welches Crowdfunding-Modell sich prinzipiell für wen eignet:

- Gemeinnützigen Projekte und Organisationen bietet **Crowddonating** gute Möglichkeiten. Das Geldsammeln vereinfachen Spendenbuttons und andere Internettools, auch Spezial-Plattformen wie Betterplace.org, wo neben Geld, auch um Zeit-, Wissens- oder Sachspenden nachgesucht werden kann, kommen hier zum Einsatz.

- Wer ein Vorhaben finanzieren will, das eine ausreichend große Gruppe potenzieller Geldgeber anspricht, denen man im Gegenzug passende Leistungen oder Produkte anbieten kann, ist im **Crowdsponsoring** bzw. (reward-based) **Crowdfunding** richtig. Der Kapitalbedarf sollte vorzugsweise im Mikrofinanzbereich liegen und eine Realisation des Projekts bei geglücktem Funding möglich sein.

- Für Privatpersonen, Selbstständige und Unternehmen mit einem Finanzbedarf bis 25.000 Euro über maximal fünf Jahre kann **Crowdlending** eine Alternative zum Bankdarlehen sein. Die Kreditanfrage über die Lendingplattformen geht schnell und ohne große Formalitäten, eine Garantie auf eine Finanzierung gibt es freilich nicht – wie bei allen Modellen entscheidet auch hier die Crowd.

- Für Unternehmen, insbesondere Start-ups und größere innovative Vorhaben, die in einer Kapitalgesellschaft angesiedelt sind und einen Finanzierungs-bedarf ab zirka 25.000 Euro über einen Zeitraum von mindestens fünf Jahren haben, kann **Crowdinvesting** eine gute Option sein. Wer hier jedoch Summen über 100.000 Euro einwerben will, muss sich mit den Vorschriften der Finanzaufsichtsbehörden auseinandersetzen.

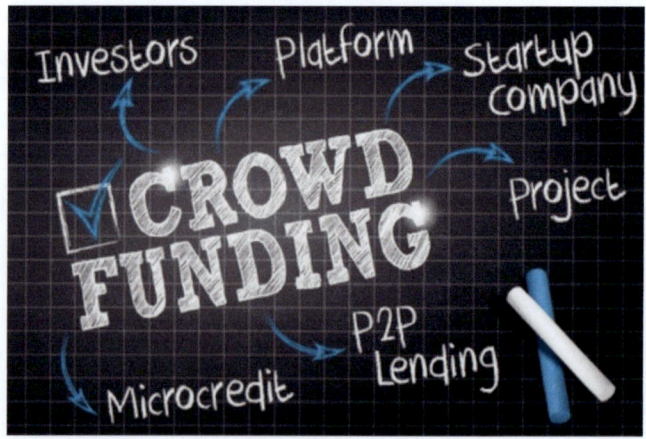

Abb. 7 © Jérôme Rommé - Fotolia.com

Die Crowd als Sponsor

In den USA ist der Gedanke bürgerschaftlichen Engagements und die gegenseitige Selbsthilfe kulturell tief verankert. So überrascht es nicht, hier Beispiele für gelungene Crowd-Finanzierungen schon im vordigitalen Zeitalter zu finden. Eines der berühmtesten ist das Wahrzeichen der USA, die Freiheitsstatue im Hafen von New York. Die Geschichte, die einige Parallelen zu unserer Gegenwart aufweist, ist schnell erzählt: Nach dem Börsenkrach von 1873 erlebten die USA ein Jahrzehnt wirtschaftlicher Depression. Die Fertigstellung des Monuments drohte aufgrund der schlechten Finanzlage der Stadt New York zu scheitern. Da kam Joseph Pulitzer, Herausgeber der Zeitung „New York World", auf eine Idee. Er rief zu einer Spendenkampagne auf, um die fehlenden 100.000 Dollar einzuwerben und versprach, jeden einzelnen Spender in seiner Zeitung namentlich zu ehren, unabhängig von der Höhe des gespendeten Betrages. Am 11. August 1885, nach fünf Monaten mit täglichen Spendenaufrufen, gab man bekannt, dass 102.000 Dollar von 120.000 Spendern zusammengekommen seien. 80 Prozent der Gesamtsumme setzte sich aus Spenden von weniger als einem Dollar zusammen.[24] Daraufhin konnten die Bauarbeiten am Monument wieder aufgenommen werden. 1886 feierte man die Einweihung.

Obschon ganz ohne Internet, soziale Medien und virtuell vernetzte Crowd, können wir an diesem Beispiel **fünf wichtige Aspekte von Crowdfunding** ablesen, die wir in den modernen Formen wiederfinden.

☞ Basis für ein gelungenes Crowdfunding ist eine nachhaltige Öffentlichkeitsarbeit.

☞ Das zu finanzierende Projekt sollte den Geldgebern persönlich „etwas wert" sein.

☞ Die Mehrheit der aufgebrachten Einzelbeträge sind kleine Geldbeträge.

☞ Wird die angestrebte Zielsumme erreicht, wird sie letztlich (weit) überschritten.

☞ Ein Ausdruck der Wertschätzung für die einzelnen Geldgeber ist unerlässlich.

Auch die gegenwärtige Crowdfunding-Bewegung nahm ihren Anfang in den USA. Hier waren es zunächst Musiker und andere freischaffende Künstler, welche die Crowd zur Finanzierung ihrer Projekte nutzten.

Über das Portal Sellaband.com können sich seit August 2006 Bands und Einzelmusiker/innen finanzieren. Die Plattform wird inzwischen von dem Berliner Unternehmen SellaBand GmbH betrieben.[25] Im Jahr 2009 wurde mit Kickstarter.com in den USA die erste Crowdfunding-Plattform für eine breite künstlerisch-kreative Szene gegründet. Sie hat nach eigenen Angaben seit ihrem Start bereits über 60.000 (Stand April 2014) kreative Projekte finanziert und ist international aktiv. Die Technologie-Reporterin Laura Locke berichtete im März 2012 begeistert für die BBC über das Projekt: „To date, 175 million US-Dollars has been raised to help thousands of indie artists, filmmakers, musicians, gamers, designers, photographers, dancers and the like get their dream projects off the ground."[26]

In Deutschland gingen die ersten Crowdfunding-Plattformen dieser Art kurz danach online. Mysherpas.com, gegründet im August 2010, stellte allerdings schon nach acht finanzierten Projekten zwei Jahre später seinen Betrieb wieder ein. Die Berliner Plattform Inkubato.com macht inzwischen nach eigenen Angaben „Pause". Nach drei Jahren Geschäftstätigkeit hat sie im Herbst 2013 die letzten Projektfinanzierungen erfolgreich abgeschlossen. Im Herbst 2010 gingen die Plattformen Startnext.de mit Sitz in Dresden und Pling.de aus Bielefeld ans Netz. Davor startete schon im Frühjahr 2010 die Leipziger Plattform Visionbakery.com. Pling ist aktuell nicht mehr erreichbar. Über die Website Für-Gründer.de kann man erfahren: „Im Jahresverlauf 2013 änderten die Macher das Geschäftsmodell von Crowdfunding zu Crowdsharing. Hierbei geht es speziell und Musik, Filme und Spiele, die von kleinen Künstlern und Entwicklern direkt bezogen werden können." [27]

Als deutscher Marktführer gilt inzwischen Startnext. Hier wurden nach eigenen Angaben bis Anfang Mai 2014 insgesamt mehr als 10 Millionen. Euro an Kreative, Künstler, Erfinder und ähnliche Projekte vermittelt. VisonBakery, ursprünglich für kreative Projekte im Raum Leipzig gedacht, ist inzwischen bundesweit aktiv und kommt im Markt auf Platz 2.[28]

Eine derartige Internetplattform langfristig erfolgreich zu betreiben, erfordert neben der passenden Technik und viel Engagement, gutes Marketing und ein Konzept, das ausreichenden Ertrag garantiert. Das Beispiel von Startnext zeigt, wie es ein Betreiberunternehmen schaffen kann, sich mit einem cleveren Konzept in diesem jungen Markt erfolgreich zu behaupten. Das Funding kostet die Kapitalsuchenden, anders als auf anderen Plattformen, bei Startnext nichts, aber es erfolgt eine kritische Vorauswahl. Das weckt Vertrauen. Durch die Abwicklung renommierter Projekte wie Stoersender.TV als „Leuchttürme" des Crowdsponsorings und insgesamt guter PR bleibt Startnext im Gespräch, und da das Unternehmen als gemeinnützige Unternehmergesellschaft (gUG) eingetragen ist, kann es Spendengelder entgegennehmen. Diese freiwillige Unterstützung ist nach eigenen Angaben der Betreiber eine wichtige Säule der Unternehmensfinanzierung. Daneben wird eine Reihe von kostenpflichtigen Zusatzleistungen angeboten.[29] Ergänzend fasst das Unternehmen inzwischen durch die Partnerfirma "Startnext Network GmbH" im Crowdinvesting-Bereich Fuß.

Der Markt der Portale ist, wie die oben genannten Beispiele belegen, noch sehr jung und ständig in Bewegung. In den letzten fünf Jahren hat die Zahl der Crowdfunding-Websites laut Branchenportal Crowdsourcing.org weltweit um rund 600 Prozent zugenommen; im März 2013 wurden etwa 550 Plattformen weltweit gezählt.[30] Immer wieder tauchen neue Portale auf, wovon sich zwangsläufig nicht alle dauerhaft etablieren können. Die Betreibergesellschaften sind als Start-ups in einem neuen Markt vielen wirtschaftlichen und organisatorischen Herausforderungen ausgesetzt, die von ihren Gründern oft unterschätzt werden. Wer sich, ausschließlich über Margen auf das eingesammelte Kapital finanzieren, will, muss zwangsläufig hohe Umsatzvolumina und gute Ergebnisse generieren. Umsätze wie in den USA sind in Deutschland jedoch nicht zu erwarten. Der Markt ist wesentlich kleiner und die Geldspendekultur eine andere.

Nachstehend eine kleine Auswahl von gegenwärtig im (reward-based) Crowdfunding/ Crowdsponsoring tätigen Plattformen.

Übersicht über im D-A-CH-Raum aktive Plattformen*:

startnext.de:	zur Finanzierung von innovativen und kreativen Projekten
visionbakery.com:	kreative und soziale Projekte, Kunst und Kultur
nordstarter.org:	für den Raum Hamburg
dresden-durchstarter.de:	für den Raum Dresden
sciencestarter.org:	für wissenschaftliche Projekte
fairplaid.org	für Sportprojekte, Sportler und Vereine
indiegogo.com:	Plattform aus den USA, bietet internationale Community
repekt.net:	österreichische Plattform
100-days.net:	schweizerische Plattform

*Stand Mai 2014

Eine umfassende Auflistung der Portale, die im gesamten Crowdfunding-Bereich regional, national und international aktiv sind oder waren, findet sich auf der Website Crowdfunding.de von Michel Harms.[31]

Neben diesen entwickeln sich weitere Formen kollektiver Finanzierung unter dem Gedanken von Teilen und Fördern im Netz. Die schwedische Plattform flattr.com will beispielsweise dafür sorgen, dass Online-Journalismus und andere kostenfreie Medienangebote im Internet von Nutzern finanziell honoriert werden können. Dazu werden von den Unterstützern aus der Crowd vorab eingezahlte Beträge per Mausklick auf Online-Beiträge verteilt, deren Autoren ebenfalls bei flattr.com ein Konto haben.

Die Crowd als Darlehensgeber und Investor

Die zuvor genannten Plattformen sind im sozialen, kulturell-kreativen oder wissenschaftlichen Kontext verankert. Darüber hinaus haben sich Modelle einer Kollektivfinanzierung etabliert, wo es um die Überlassung von Geld gegen Renditechancen geht, denen jedoch immer das Risiko des Totalverlusts gegenüber steht. Finanzielle Nachschusspflichten über den eingesetzten Betrag hinaus werden üblicher Weise ausgeschlossen, und die eingesetzten Beträge bleiben überschaubar. Auf der Crowdinvesting-Plattform Companisto ist man schon mit einem Betrag von fünf Euro als Kleinanleger dabei und bei dem Crowdlending-Anbieter Auxmoney mit 50 Euro. Von Seedmatch, dem deutschen Marktführer im Crowdinvesting wurde bekannt, dass der durchschnittliche Einsatz bei 2.000 Euro pro Investor liegt (Stand September 2013).[32] Primäre Anleger-Zielgruppe sind Privatpersonen; die Akquise erfolgt vor allem über Internet, kaum über klassische Werbung.

Finanzrechtlich bewegt sich Crowdinvesting in Deutschland in einer Grauzone. Die Vorschriften der Finanzaufsichtsbehörden zum Anlegerschutz werden von den Plattformen geschickt unterlaufen, ohne gegen geltendes Recht zu verstoßen. Die Anlagebeträge und Finanzierungssummen sind seit 2012 allerdings erheblich gestiegen. Ein Grund für die deutsche Bundesregierung, sich das Thema für die Legislaturperiode 2013 - 2017 auf die Agenda zu setzen.[33]

In den USA gibt es rechtliche Regelungen bereits durch den „Jumpstart Our Business Startups Act" (abgekürzt als JOBS Act), der am 5. April 2012 Gesetzeskraft erlangte. Damit soll Unternehmen und Start-ups der Zugang zum öffentlichen Kapitalmarkt und für Crowdinvesting – dort „equity crowdfunding" genannt –, erleichtert werden. Als „emerging growth companies" bezeichnete Unternehmen sind von bestimmten Angaben im Wertpapierprospekt und in der laufenden Berichterstattung während maximal fünf Jahren nach der ersten Inanspruchnahme des öffentlichen Kapitalmarkts der USA befreit. Bisher galt eine Frist von maximal zwei Jahren. Neu ist außerdem, dass bei einem Angebot von Wertpapieren im Rahmen von Crowdfunding-Kampagnen die involvierten Finanzintermediäre (Wertpapiermakler oder Portalbetreiber) über eine Zulassung der U.S. Wertpapier- und Börsenaufsichtsbehörde verfügen müssen.[34] Es ist zu erwarten, dass nicht nur in Deutschland, sondern EU-weit entsprechende Regelungen getroffen werden, wenn der Crowdinvesting-Markt weiter wächst.

Vor dem Crowdinvesting hat sich bereits eine andere darlehensbasierte Kollektivfinanzierung über das Netz etabliert: Crowdlending. Dieses Modell startete vor etwa einem Jahrzehnt in Großbritannien und fast zeitgleich in den USA. Hintergund war der allgemeine Rückzug der Banken aus dem klassischen Kreditgeschäft zur Versorgung von Bürgern, kleinen und mittleren Betrieben bei einem gleichzeitigen Rückgang der Anbietervielfalt. In den USA ist beispielsweise seit 1985 die Gesamtzahl der Banken um mehr als 60 Prozent gesunken.[35] In Deutschland sind von den 3.280 selbstständigen Geldinstituten im Jahr 1999 heute nur noch 1.885 am Markt.[36]

Im Oktober 2005 ging mit Kiva.org in den USA eine Internetplattform an den Start, welche die Ideen des Nobelpreisträgers Dr. Muhammad Yunus aufgreifend, Mikrokredite an Kleinbetriebe und Solo-Selbstständige in Entwicklungs- und Schwellenländern, aber auch in (Ost-)Europa und den USA vergibt. Die Kreditsummen setzen sich aus Einzelbeträgen zu je 25 US-Dollar zusammen.

Im gleichen Jahr startete die Crowdlending Plattform Prosper.com in den USA; ein Jahr später wurde LendingClub mit Sitz in San Francisco gegründet. LendingClub gilt inzwischen als größte Crowdlending-Plattform der Welt. Über vier Milliarden US-Dollar wurden schon nach Angaben der Plattform-Betreiber über LendingClub vermittelt; bei Prosper.com sollen es Kredite mit einem Gesamtvolumen von rund einer Milliarde US-Dollar sein. LendingClub gibt zudem an, fast vier Millionen US-Dollar Zinsen an Anleger gezahlt zu haben.[37]

Als weltweit erste Crowdlending-Plattform gilt Zopa.com aus Großbritannien.[38] Sie begann ebenfalls im Jahr 2005 damit, Peer-to-Peer Kredite via Internet zu vermitteln und ist inzwischen so erfolgreich, dass sie Anfang 2014 von einem Hedgefond 25 Millionen US-Dollar Wachstumskapital bekommen hat.[39] Im Jahr 2007 sind in Deutschland eLolly, Smava und Auxmoney auf den Markt gekommen. Während es eLolly schon nicht mehr gibt, und Smava sich als Kreditvergleichsportal einen Namen gemacht hat, ist Auxmoney mit einem Umsatzvolumen von über 36 Millionen Euro im Jahr 2013 erfolgreicher Marktführer im deutschen Crowdlending. Über 17.000 Kreditprojekte konnten auf Auxmoney erfolgreich umgesetzt werden, davon allein 7.200 im Jahr 2013.[40] Das Prinzip ist das des Ratenkredits: Der Kreditbetrag wird an den Darlehensnehmer in einer Summe ausbezahlt und dann von ihm entsprechend verzinst in festgelegten Raten schrittweise zurückgeführt.[41] Der Höchstbetrag für Darlehen liegt bei 25.000 Euro.

Dass solche Ratenkredite von Geschäftsbanken kaum noch vergeben und traditionellen Sparern seit Jahren Zinsen unterhalb der Inflationsrate auf ihre Einlagen geboten werden, macht das Modell attraktiv. Jeder kann hier unkompliziert einen Kreditantrag stellen, und ein Anleger kann direkt entscheiden, wem er sein Geld zu welchen Konditionen geben möchte. Die vorgestellten Kreditprojekte liefern weitaus bessere Zinsen als übliche Spareinlagen, beinhalten aber das Risiko, das eingesetzte Kapital gar nicht mehr zurückzubekommen. Auxmoney pflegt, um dem entgegenzuwirken, ein internes, für die Anleger über eine „Ampel" sichtbares Bonitätssystem und rät zur Streuung der Anlagebeträge. Für die Abwicklung und Überweisung der Rückführungsraten steht Auxmoney als Kooperationspartner die SWK Bank (Süd-West-Kreditbank Finanzierung GmbH) zur Verfügung.

Auf den Crowdlending-Portalen stellen sich Kreditnehmer mit ihrem Anliegen und anderen Fakten öffentlich vor. Teilweise werden Kreditsicherheiten gestellt. Aber auch Menschen, die aufgrund ihres wirtschaftlichen Hintergrunds woanders kaum eine Finanzierungschance hätten, können auf einen Kredit über die Crowd hoffen. Typisch für alle aufgeführten Crowdlending-Angebote ist, dass der Fokus auf klassischen Finanzierungsanliegen liegt: privaten Investitionen, Baumaßnahmen, Umschuldung, Finanzierung einer Geschäftsausstattung und ähnlichem mehr.

Bei den oben genannten Crowdlending-Plattformen aus den USA und Großbritannien ist der maximale Kreditbetrag 35.000 US-Dollar bzw. 20.000 brit. Pfund, das entspricht jeweils etwa 25.000 Euro. LendingClub bietet inzwischen auch Geschäftskredite („business loans") mit einer Laufzeit bis zu fünf Jahren, moderaten Zinsen ab 5,9 Prozent und einem Höchstbetrag von 100.000 US-Dollar an.[42] In Deutschland ist 2014 die Plattform Zencap.de auf den Markt gekommen, die Mittelstandkredite bis 150.000 Euro über Crowdlending darstellen will. Erfolgreich ist Crowdlending bis dato jedoch vor allem im Mikrofinanzbereich.

Beim Crowdinvesting geht es dagegen üblicherweise um wesentlich höhere Beträge, und im Finanzierungsfokus stehen junge, wachstumsorientierte Unternehmen. Die persönliche Kreditwürdigkeit der Kapitalsuchenden steht auf den Plattformen nicht im Vordergrund. Dargestellt werden Geschäftsideen, Gründe für den (potenziellen) Erfolg und einige betriebswirtschaftliche „harte" Fakten, so vorhanden. Im Regelfalle werden Kapitalgesellschaften mit beschränktem Haftungsrisiko finanziert, und es werden keine Kreditsicherheiten gestellt. Neben Wachstumsfinanzierungen für Jungunternehmen gibt es auch einige Investingangebote, wo es um eine gezielte Finanzierung mittelständischer Traditonsunternehmen geht, um kommunale Betriebe oder um Projekte nachhaltiger Energieerzeugung.

Da eine große Zahl der Crowdinvestings auf Darlehensbasis („lending-based crowdfunding") erfolgt, und auch im Crowdlending, wie oben dargelegt, Unternehmen zuweilen mit mehr als 25.000 Euro Kapital ausstattet werden können, und beide mit Renditechancen werben, bleibt als wesentliches Unterscheidungsmerkmal die Dauer der Geldüberlassung. Die Laufzeit für ein Darlehen im Crowdlending-Prozess ist maximal fünf Jahre, während im Crowdinvesting mindestens fünf Jahre angesetzt werden. Das ist der durchschnittliche Zeitraum, in dem Gründungen entweder gescheitert sind oder sich erfolgreich am Markt behauptet haben.

Mit ProfUnder.com entstand in den USA 2009 eine erste Crowdinvesting-Plattform für Start-ups. Inzwischen gibt es diese Plattform nicht mehr. In Deutschland ging die Plattform Seedmatch.de 2011 an den Start. Seedmatch vermittelte bis November 2012 echtes Beteiligungskapital, wechselte dann aber zur Vermittlung „partiarischer Nachrangdarlehen". Dazu später mehr.

Als erster Meilenstein erfolgreichen Crowdinvestings in Europa gilt die Kampagne „Equity for Punks" der schottischen Brauerei BrewDog, lanciert 2011. Über sie hat das Unternehmen nach eigenen Angaben bis Ende 2013 mehr als 12.000 Investoren gewonnen und ein Finanzierungsvolumen in Höhe von rund 3,7 Millionen britischen Pfund (das entspricht einem Gegenwert von knapp 4,5 Millionen Euro) erzielt.[43] Die Brauerei, die erst seit 2007 am Markt ist, nutzte für ihre Kampagne keine externe Funding-Plattform, sondern bediente sich ihrer eigenen Social-Media-Präsenzen und der Popularität ihrer Brauereierzeugnisse bei einer jungen, medial gut vernetzten

Klientel. Den Geldgebern wurden „lebenslange" Rabatte auf die Brauereiprodukte, Einladungen zu Firmenevents und andere Prämien zugesichert. Dass ein großer Teil des eingesammelten Kapitals der Errichtung eines neuen, klimafreundlichen Brauhauses zugute kommen soll, mag die Investoren zusätzlich motiviert haben. Sie erwarben als sogenannte „Fanvestors" Unternehmensanteile (engl. shares), also Aktien, die untereinander gehandelt werden können – in einem außerbörslichen Sekundärmarkt. Die „Fanvestors" haben für Aktionäre typische Mitspracherechte. Dieses Modell basiert auf der Rechtsform des Unternehmens. BrewDog ist eine PLC, eine britische Kapitalgesellschaft, ähnlich unserer Aktiengesellschaft.

Vergleichbar und ebenso erfolgreich verlief die Rettung der ältesten schweizerischen Uhrenfabrik Philippe DuBois & Fils SA, gegründet 1785. Im Jahr 2010 hatte Thomas Steinemann die stillgelegte Fabrik erworben in der Absicht, Banken oder Großinvestoren zu finden, die ihm eine Wiederaufnahme der Produktion ermöglichen würden. Als ihm dies nicht gelang, entschied er sich im März 2012 für eine Crowdinvesting-Kampagne. Auch hier erfolgte alles in Eigenregie. Man entwickelte eine eigene Website für das Projekt und einen Aufruf im Netz. Nach etwas mehr als fünf Monaten hatte Steinemann die angestrebten 1,5 Millionen Schweizer Franken an Aktienkapital eingesammelt. Anfang 2013 konnte die Uhrenproduktion wieder aufgenommen werden. Die fast 600 Kleininvestoren kommen aus 19 Ländern. Wie bei BrewDog basierte die Kampagne auf Begeisterung für die Produkte und das unternehmerische Vorhaben, und auch hier begleitete eine Sponsoringkampagne das Funding: Wer sich mit mindestens 500 Franken beteiligte, erhielt nicht nur Aktien, sondern auch das Recht, eine Uhr im Wert von 9.000 Franken zum halben Preis zu kaufen. Wer zwischen 3.000 und 10.000 Franken investierte, erhielt das Recht, jedes Jahr eine Uhr mit einem Rabatt von 70 Prozent zu kaufen.[44]

Diese beiden Crowdinvesting-Ansätze unterscheiden sich von der Mehrheit der Crowdinvestings, wie sie in Deutschland über diverse Internet-Plattformen angeboten werden. Selbstverständlich könnte man das Modell von BrewDog und Philippe DuBois & Fils auf deutsche Unternehmen übertragen. Voraussetzung ist das Vorhandensein oder die Gründung einer Aktiengesellschaft und die Herausgabe neuer Aktien außerbörslich an Investoren aus der Crowd. Dies ist allerdings mit entsprechendem organisatorischem und finanziellem Aufwand verbunden. Seit der Aktiengesetznovelle von 1994 ist zwar die Gründung einer Aktiengesellschaft als Rechtsform auch für Einzelgründer und Start-ups möglich, aber auch diese sogenannte „kleine AG" erfordert einen hohen Organisationsaufwand. Es muss ein Aufsichtsrat mit mindestens drei Personen eingerichtet werden und auch sonst sind wesentlich mehr Formalitäten einzuhalten als bei anderen Gesellschaftsformen. Hinzu käme der Aufwand für die Organisation der Funding-Kampagne.

Zu beachten sind beim (selbstorganisierten) Crowdinvesting überdies die Vorschriften der Finanzaufsichtsbehörden. In Deutschland schreibt beispielsweise die Bundesanstalt für Finanzdienstleistungsaufsicht (BaFin) einen Kapitalmarktprospekt vor. Von dem ist man u. a. dann befreit, wenn „der Verkaufspreis aller über einen Zeitraum von zwölf Monaten angebotenen Wertpapiere im europäischen

Wirtschaftsraum weniger als 100.000 Euro beträgt."[45] Demnach muss man sich entscheiden, ob man den Funding-Betrag entsprechend limitiert, was oft nicht möglich ist, oder einen Kapitalmarktprospekt erstellen und genehmigen lässt, was aufwendig und sehr teuer ist. Die Erstellung wird in Fachkreisen mit mehreren zehntausend Euro beziffert.[46]

Was bei der Missachtung der behördlichen Vorschriften passiert, musste der österreichische Schuhfabrikant Heinrich („Heini") Staudinger schmerzlich erfahren. Staudinger ist mit der Finanzmarktaufsicht (FMA) seines Heimatlandes in einen bislang andauernden Konflikt geraten, als er über einen Crowdfunding-Aufruf in seiner Unternehmenspostille „Brennstoff" rund drei Millionen Euro für den Erwerb und die Sanierung einer Fabrikhalle einwarb. Diese Einlagen sollten regelmäßig mit vier Prozent p. J. von ihm verzinst werden. In Österreich gelten ähnliche Vorschriften wie in Deutschland, folglich hätte Staudinger, weil er so mehr als 100.000 Euro einwarb, zunächst einen teuren Kapitalmarktprospekt erstellen müssen.[47]

Den Anforderungen der Finanzaufsicht müssen sich auch die Betreiber von Crowdinvesting-Plattformen stellen. Die „Prospektpflicht" wird umgangen, indem die ausgeschriebenen Unternehmensbeteiligungen auf 100.000 Euro begrenzt sind. Das ist aber für manches vielversprechende Projekt nicht ausreichend. So gingen einige Plattformen dazu über, statt echter Beteiligungen („equity-based crowdfunding") Investitionen auf Basis „partiarischer (Nachrang-)Darlehen" („lending-based crowdfunding") zu vermitteln, da solche Darlehen von der „Prospektpflicht" nicht betroffen sind. Auf diese Weise können nun Millionenbeträge eingeworben werden.

Eine gute Übersicht, über das, was Plattformbetreiber und kapitalsuchende Anbieter von Beteiligungsmöglichkeiten aus Perspektive der Finanzaufsicht beachten müssen, liefert ein im September 2012 erschienener Fachartikel von Jörg Begner, der auf der BaFin-Internetseite heruntergeladen werden kann.[48]

Selbstverständlich sind Plattformbetreiber und Kapitalsuchende vor allem daran interessiert, die Finanzierungen möglichst schnell erfolgreich abzuwickeln. Auf der Strecke bleiben dabei leider oft die Crowd-Investoren. Eine schnelle Entscheidung via Internet ist nicht dazu angetan, wirklich klug und nachhaltig zu investieren, groß dagegen die Gefahr, sich von einer allgemeinen Euphorie mitreißen zu lassen. Mit Worten wie: „Mit ein wenig Glück sind vielleicht auch Renditen von mehreren 100 Prozent möglich," beflügelte beispielsweise Seedmatch-Chef Jens-Uwe Sauer in einem Interview 2013 Phantasie und Gier der Crowd.[49]

Die Methode, nach der die für Start-ups ungewöhnlich hohen Unternehmenswerte berechnet werden, die bei Seedmatch angegeben werden, dürfte für die Mehrzahl der Mikroinvestoren schwer nachvollziehbar sein, und dass elf von zwölf Technologie-Start-ups laut einer Studie scheitern, erfährt ein Investor eher beiläufig auf dem Blog von Seedmatch.[50] Plattformbetreiber Sauer rechnet darum durchaus mit Insolvenzen: „Totalausfälle von Start-Ups gehören zum Alltag. Für Investoren ist das ärgerlich, für Gründer bedauerlich. Wer in junge Unternehmen investiert, geht dabei aber bewusst hohe Risiken ein und setzt dafür auf hohe Renditen."[51]

Ob diese Haltung tatsächlich für Crowdinvestoren die Norm ist, bleibt fraglich. Die Ursprünge von Crowdfunding liegen, wie eingangs dargelegt, nicht in persönlicher Bereicherung, sondern im gemeinschaftlichen Engagement für eine sinnvolle Sache, und erfreulicher Weise gibt es zahlreiche Beispiele, wo für die Investoren die Zukunft eines Unternehmens oder eines Projektes im Vordergrund steht.

Ehe ich im folgenden Kapitel eine Reihe deutscher Crowdinvesting-Portale, deren Methoden und Strukturen genauer vorstelle, zunächst eine Übersicht, wie unterschiedlich Crowdinvesting ausgestaltet sein kann.

Gestaltungsmöglichkeiten im Crowdinvesting:

- Kapitalnehmer finden die Investoren direkt über eigene Internetpräsenz(en) und Medien, wie im Falle von BrewDog PLC, Philippe DuBois et Fils u. a.

- sie finden über eine der Crowdinvesting Plattformen zueinander

- es können sowohl Fremdkapital (Darlehen) wie Eigenkapital (Beteiligungen) eingeworben werden

- Plattformen können

  o als bloße Vermittler zwischen Kapitalnehmer und –gebern dienen

  o Beteiligungen direkt veräußern

  o Investoren eine Teihaberschaft an ihrem eigenen Unternehmen anbieten und mit diesem Kapital eine Teilhaberschaft am zu finanzierenden Unternehmen eingehen

- Auch der Transfer des Geldes kann unterschiedlich erfolgen:

  o Anleger zahlen direkt an den Kapitalsuchenden

  o Plattformbetreiber dienen als Zahlungstreuhänder

  o Externe Zahlungstreuhänder werden beauftragt

Von der jeweiligen Ausgestaltung hängt auch ab, welche gesetzlichen Vorschriften in einem Crowdinvestingprozess zu beachten sind. Hier getroffene Entscheidungen können nicht nur finanziell, sondern auch rechtlich für Kapitalsuchende wie für Geldgeber folgenreich sein. Es gilt darum, sich sorgfältig zu informieren und Vertragsbedingungen genau zu lesen. Vor größeren Kapitalerwerbungen bzw. Investitionen ist überdies eine juristische und/oder steuerliche Beratung durchaus angezeigt.

Die deutschen Crowdinvesting-Portale

Nachstehend finden Sie eine Auswahl deutscher Plattformen, die sich dem Crowdinvesting verschrieben haben. Die hier dargestellten Angaben dienen der Übersicht und sollen einen Einblick in die Verfahren geben. Sie spiegeln die Situation im April / Mai 2014 wider. Da dieser Markt ständig in Bewegung ist, können keine Ansprüche auf Vollständigkeit erhoben werden. Die Informationen sollten im Bedarfsfalle auf die jeweilige Aktualität überprüft werden.

SEEDMATCH

www.Seedmatch.de, seit 2011, Eigentümer: Seedmatch GmbH / Dresden

Seedmatch gilt als gegenwärtiger Marktführer unter den Crowdinvesting-Plattformen. Hier können sich Start-ups über „partiarische Nachrangdarlehen" finanzieren. Bis zum 29. November 2012 vermittelte Seedmatch stille Beteiligungen bis zur Obergrenze von insgesamt 100.000 Euro.

Mindestens 250 Euro muss ein Darlehensgeber einzahlen. Die Obergrenze liegt bei 10.000 Euro. Investieren können natürliche und juristische Personen. Während der Laufzeit des Darlehensvertrages, den der Investor über Seedmatch für mindestens fünf Jahre abschließt, erhält der Geldgeber eine kleine Basisverzinsung seiner Einlage sowie einen vom Unternehmensgewinn abhängigen jährlichen Bonuszins. Nach Ablauf einer Mindestvertragslaufzeit, kann der Anleger jeweils zum Jahresende den Vertrag kündigen. Im Falle eines sogenannten „Exitereignisses", d. h. wenn das Unternehmen vorzeitig liquidiert oder verkauft wird, oder ein Großinvestor die Darlehen der Kleininvestoren ablöst, endet der Vertrag vorfristig, und die Anleger bekommen ihren möglichen Anteil an einem Gewinn.

Bis Anfang Mai 2014 hat Seedmatch nach eigenen Angaben über 13 Millionen Euro an 60 Startups vermittelt. Die Rolle von Seedmatch wird in deren AGB beschrieben: „Seedmatch beschränkt sich darauf, für Start-ups die Plattform für das Funding zur Verfügung zu stellen und (...) unter Nutzung der Plattform einen Investmentvertrag abzuschließen. Sonstige Leistungen werden von Seedmatch in diesem Zusammenhang nicht erbracht."[52]

COMPANISTO

www.companisto.com, gestartet 2012, Eigentümer: Companisto GmbH / Berlin

Über die Crowdinvesting-Plattform Companisto kann man bereits mit einem Einsatz von fünf Euro Mikroinvestor werden. Investoren sind auch hier Geber partiarischer Nachrangdarlehen wie bei Seedmatch. Auch hier fungiert die Plattform nur als Mittler. Nach Angaben der Betreiber wurden (Stand Mai 2014) schon über 5,4 Millionen Euro in 30 Start-ups investiert. Companisto wirbt auf seiner Homepage mit einer qualifizierten Auswahl der Bewerberunternehmen, internationaler Vernetzung, der Kooperation mit Business Angels, Corporate Finance Spezialisten und Venture-Capital-Gesellschaften. Die aktuell auf der Plattform vorgestellten Projekte, von denen im Mai 2014 nur noch vier Finanzierungen nicht abgeschlossen waren, sind alle weit über das von angesetzte Limit finanziert worden. Die Plattform Companisto selbst hat sich ebenfalls zu Beginn 100.000 Euro Kapital über dieses Crowdinvesting verschafft.

INNOVESTMENT

www.innovestment.de, gestartet 2011, Eigentümer: INNOVESTMENT GmbH/ Düsseldorf

Hier können sich Anleger per Auktion Anteile ab 1.000 Euro an jungen Unternehmen sichern. Durch die Auktion, die INNOVESTMENT organisiert, soll ein fairer Preis ermittelt werden. Der Anleger erwirbt eine „atypische" stille Beteiligung, die er frühestens nach drei Jahren kündigen kann. Der Vertragsschluss erfolgt online.

Bis Ende April 2014 sind nach Angaben der Plattformbetreiber über INNOVESTMENT ohne BaFin-Lizenz 2,5 Millionen Euro in 28 Start-ups geflossen. INNOVESTMENT hat sich nach eigener Aussage zum Ziel gesetzt, innovative Start-ups und private Investoren zusammen zu bringen. Die Plattform ist angebunden an ein wissenschaftliches Netzwerk der RWTH Aachen. Der Fokus liegt folglich auf technologisch orientierten Gründungen. Die Rolle von INNOVESTMENT entspricht der eines Auktionators. Durch den Zuschlag bei der Auktion kommen gültige Verträge zustande (vgl. § 156 BGB).

BERGFÜRST

www.bergfuerst.com, gestartet 2012, Eigenümer: BERGFÜRST AG / Berlin

Die BERGFÜRST AG verfügt über eine Erlaubnis der Bundesfinanzaufsicht (BaFin). Anleger können sich unbefristete Eigenkapitalbeteiligungen in Form von Aktien der Start-ups mit einem Mindesteinsatz von 250 Euro kaufen, die sie danach untereinander auf einer von BERGFÜRST eingerichteten Handelsplattform online handeln können - vorausgesetzt es liegen entsprechende Angebots- und Nachfrage-Orders aus der Anlegergemeinschaft vor. Gibt es im Bedarfsfalle nicht genug Nachfragen, kann man seine eigenen Anteile nicht wieder verkaufen, was ein klarer Nachteil gegenüber einem Aktienbesitz an börsennotierten Unternehmen ist. Im Finanzierungsfokus stehen innovative junge Unternehmen, die eine Wachstumsfinanzierung benötigen und belegen können, dass der Markt ihre Geschäftsidee bereits angenommen hat.

BERGFÜRST versteht sich als Handelsplattform und schreibt selbst über seine Tätigkeit: „BERGFÜRST erlaubt in einem ersten Schritt Emittenten im Vorfeld zu einer Platzierung Informationen zum Unternehmen auf der von BERGFÜRST betriebenen Internet-Plattform bergfuerst.com und Sub-Domains in eigener Verantwortung zur Verfügung zu stellen. Hierzu gehört, soweit dieser nach den einschlägigen gesetzlichen Vorschriften zu erstellen ist, insbesondere ein durch die Bundesanstalt für Finanzdienstleistungsaufsicht gebilligter Wertpapierprospekt."[53] Demnach entbindet die BaFin-Lizenz der Plattformbetreiber die Kapital suchenden Unternehmen nicht von der eigenen „Prospektpflicht". Die Beteiligungsform „Aktien" eröffnet zudem nur Aktiengesellschaften Möglichkeiten der Kapitalbeschaffung.

Aktuell konzentriert sich BERGFÜRST in diesem Segment ausschließlich auf die Finanzierung der URBANARA Home AG. Außerdem werden von der BERGFÜRST

AG Beteiligungen an Immobilien über Genussrechte mit einer Laufzeit von fünf bis zehn Jahren angeboten, wobei eine Verzinsung von vier Prozent p. J. in Aussicht gestellt wird. Anlagebetrag sind auch hier mindestens 250 Euro.

FUNDSTERS

www.fundsters.de, gestartet 2012, Eigentümer: FUNDSTERS AG /Meerbusch und FUNDSTERS Venture Capital GmbH/ Meerbusch

Crowdinvesting bei FUNDSTERS bedeutet, eine „typisch stille Beteiligung" an der FUNDSTERS Venture Capital GmbH (FUNDSTERS VC), Tochterfirma der FUNDSTERS AG, für mindestens fünf Jahre einzugehen. Diese investiert den entsprechenden Geldbetrag ihrerseits in das kapitalsuchende Unternehmen. Die FUNDSTERS Venture Capital GmbH schließt dazu mit dem zu finanzierenden Unternehmen einen Vertrag in Form einer „atypischen stillen Beteiligung" ab. Ist das Crowdinvesting erfolgreich und wird die Zielsumme erreicht, wird dieser wirksam. Beide Beteiligungsformen (typische und atypische) partizipieren dann am Gewinn des Unternehmens. Wird das Finanzierungsziel nicht erreicht, kommen die Verträge nicht zustande und die Geldgeber erhalten ihre Investition, soweit bereits eingezahlt, ohne Abzüge vom Treuhänder Fidor Bank AG, München zurück. Der Prospekt der FUNDSTERS VC ist von der Aufsichtsbehörde BaFin gebilligt. Finanziert werden sollen Unternehmen mit einem innovativen Produkt oder eine Dienstleistung und einem Kapitalbedarf von 25.000 bis 500.000 Euro. Voraussetzung ist eine im Handelsregister eingetragene Rechtsform. Bei einer erfolgreichen Finanzierung der Investitionskampagne wird eine Gebühr in Höhe von neun Prozent auf die Kapitalsumme vom finanzierten Unternehmen erhoben. Finanziert wurden bis Mai 2014 sieben Start-up-Unternehmen, ein weiteres ist in der Finanzierungsphase.

MASHUP FINANCE

www.mashup-finance.de, gegründet 2011, Eigentümer: Mashup Finance UG haftungsbeschränkt / München

MASHUP FINANCE sieht sich als Spezialanbieter für Start-ups und mittelständische Unternehmen im Raum München bzw. in Bayern mit einem Finanzbedarf ab 10.000 Euro. Man vermittelt Beteiligungen über Genussrechte. Die Mindestanlage sind 100 Euro. Das Unternehmen gewährt dem Genussrechtsinhaber für das von ihm eingezahlte Kapital eine Beteiligung am Erfolg des Unternehmens, sofern dieser eintritt.

MASHUP FINANCE über seine Finanzierungsform: „Die Tatsache, dass Mashup Finance bei der Schwarmfinanzierung mit Genussrechten arbeitet, hat zur Folge, dass maximal Beträge von 100.000 Euro pro Jahr je Unternehmen eingesammelt werden können. Ansonsten unterliegt man der sogenannten Prospektpflicht bzw. der Prüfungen durch die BaFin. Summen über 100.000 Euro pro Jahr sind dementsprechend mit unserem Ansatz nicht finanzierbar. Anderen Finanzierungskonzepten, die über partiarische Darlehen abgewickelt werden, stehen wir höchst kritisch gegenüber."[54]

Der Charme dieses Crowdinvesting-Angebots liegt zweifellos in der lokalen Ausrichtung. Investoren. Die Crowd kann einen unmittelbaren Bezug zum Unternehmen herstellen. Die MUNICH DISTILLERS, eine Spirituosen-Manufaktur mit Bar-Destillerie-Konzept in München, bewerben sich auf diese Weise bei MASHUP FINANCE gerade um eine zweite Finanzierung.

Weitere Crowdinvesting-Portale sind u. a.:

- **Bankless24** vertreibt Genussrechte mittelständischer Unternehmen.

- **Bettervest** finanziert Projekte zur Energieeffizienz von Unternehmen, Kommunen und sonstigen Institutionen auf Basis von zweckgebundenen festverzinslichen Nachrangdarlehen.

- **Deutsche Mikroinvest**, ein Tochterunternehmen der CERBERUS Consulting Group, versteht sich als „Marktplatz", auf dem Kapital suchende Unternehmen selbst entscheiden, ob sie die Finanzierungen über stille Beteiligung, atypisch stille Beteiligung, Genussrechte, Nachrangdarlehen, Partiarisches Nachrangdarlehen anbieten wollen.

- **LightFin** will eingeführte und junge mittelständische Unternehmen über partiarische Nachrangdarlehen finanzieren, Derzeit ist nur ein Angebot auf dem Portal zu sehen, das am 08.03.2014 endete, ohne sein Ziel 50.000 – 250.000 Euro einzuwerben annähernd erreicht zu haben.

- **Startkapital-Online** ist eine Plattform von erfahrene Wirtschaftssenioren des Vereins Unternehmerforum für den Mittelstand e.V., vermittelt werden stille Beteiligungen.

- **United Equity** vermittelt stille Beteiligungen oder Genussrechte ab 100 Euro Einlage an mittelständischen Unternehmen und Start-ups, es gibt eine vorgeschaltete Bewertungsphase für die Crowd.

- **Welcome Investment** gegründet 1/2014 vermittelt partiarische Nachrangdarlehen, Mindestanlage ist nur ein Euro.

Abschließend möchte ich noch zwei „Sondermodelle" vorstellen:

GREENVESTING
www.greenvesting.com, Eigentümer: GreenVesting Solutions GmbH / Usingen

GreenVesting, gegründet 2008, hat sich auf das Segment der erneuerbaren Energien spezialisiert und finanziert solare Kleinkraftwerke. Das Modell ist komplex und letztlich abhängig von der Entwicklung und Förderung der Solarenergie in Deutschland. Die partiarischen Darlehen an die Projektgesellschaften der Photovoltaik-Anlagen setzen sich aus Einlagen von mindestens 250 Euro zusammen. Derzeit ist nur noch ein Projekt aktiv und auch schon vollständig finanziert. Ein anderes ist in Vorbereitung. Fünf weitere Projekte gelten als abgeschlossen.

LEIH DEINER STADT GELD

www.leihdeinerstadtgeld.de, Eigentümer: LeihDeinerStadtGeld GmbH / Mainz

Die Finanznöte vieler Kommunen sind bekannt. Mit der Idee von einer direkten Bürgerbeteiligung in der Kommunalfinanzierung arbeitet LeihDeinerStadtGeld. Bürger können wählen, welcher der sich hier bewerbenden Kommunen, sie Geld leihen wollen. Der Mindestanlagebetrag liegt bei 100 Euro. Das Geld geht auf ein Treuhandkonto der Fidor Bank AG, München. Sie fungiert als Treuhänderin für die Verwahrung und vergibt bei erfolgreichem Funding den „Bürgerkredit" an die Kommunen oder deren Eigenbetriebe. Im gleichen Zug, wie die Auszahlung erfolgt geht die Information an die Darlehensforderung an die Geldgeber.

Kredite an kommunale Unternehmen mit privater Rechtsform (GmbH, AG) sind auch möglich, als Nachrangdarlehen mit höherem Risiko und höheren Renditeversprechen als die Kommunalkredite.

Trotz der vielversprechenden Crowdfunding-Idee, dass Bürger direkt ihre kommunalen Anliegen finanzieren, zeigt die Plattform ein finanziertes Projekt: 83.200 Euro gingen im Oktober 2012 an die Stadt Oestrich-Winkel für deren Freiwillige Feuerwehr. Ein weiteres Projekt, ist offenbar in Vorbereitung, Eckdaten waren bei Erstellung dieser Publikation noch nicht sichtbar.

●●●

Bei allen genannten Plattformen gilt das Alles-oder-Nichts-Prinzip: Entweder die Crowd kann die aufgerufene Gesamtsumme aufbringen oder die Kapitalsuchenden gehen leer aus. Auszahlungen von Teilbeträgen gibt es nicht. Dafür können alle Beträge über die Mindestsumme, oft „Fundingschwelle" genannt, behalten werden. Es ist also eine Hauptaufgabe der Kapitalsuchenden, die Mindestsumme möglichst akkurat zu bestimmen, so dass einerseits diese im festgelegten Zeitraum erreichbar ist und andererseits und für das Finanzierungsvorhaben wirklich genügt. Geschieht das nicht, so kann es, wie im oben erwähnten Fall von Betandsleep trotz gelungenem Funding rasch zu Problemen kommen.

Ist eine Funding-Kampagne erfolgreich, so kommen bindende Verträge zustande. Über mögliche Rücktrittsrechte und andere Modalitäten geben die AGB der Plattformen Auskunft. Darüber hinaus gibt es für Kapitalsuchende, ebenso wie für Geldgeber, im gesamten Crowdfunding-Bereich einiges zu bedenken, was von den Plattformen kaum oder gar nicht kommuniziert wird, denn mit jedem Crowdfunding Rechte und Pflichten für beide Seiten verbunden, die oft erst nach gelungenem Funding eine wichtige Rolle spielen. Dazu im nächsten Kapitel mehr.

Das Kleingedruckte: Kaufverträge, Darlehen, Beteiligungen, Genussrechte, Aktien…

Die rechtlichen Konsequenzen, mit denen die einzelnen Crowdfunding-Modelle für Kapitalnehmer und -geber verknüpft sind, werden auf den Portalen selten klar kommuniziert. Manches findet man nach einigem Suchen im „Kleingedruckten" wie den AGB der Plattformbetreiber, anderes bleibt komplett unerwähnt. Überdies werden Begriffe aus Finanz- und Betriebswirtschaft verwendet, deren Bedeutung sich nicht jedem, vor allem nicht jedem finanzwirtschaftlichen Laien in der Crowd, sofort erschließt. Ich habe darum den Versuch unternommen, das aus meiner Sicht Wichtigste für Geldgeber und Kapitalsuchende hier zusammenzustellen. Beginnen möchte ich mit einem Bereich, dem nach meiner Erkenntnis am wenigsten Beachtung geschenkt wird:

SPONSORING

Wenn jemand über „reward-based crowdfunding" bzw. Crowdsponsoring ein Projekt finanziell unterstützt, ist nach Meinung der Juristen im Regelfall davon auszugehen, dass damit ein Kaufvertrag nach § 433ff BGB zwischen Geldgeber und Geldempfänger zustande kommt, unabhängig davon, ob die Prämie materieller Natur, wie z. B. Waren, Rabatte, Eintrittskarten oder immaterieller Natur, wie Widmungen, Namensnennungen o. ä. ist. Die über das Funding vereinnahmten Gelder sind demnach entsprechend für den Geldnehmer einkommens- und ggf. auch umsatzsteuerpflichtig.[55] Umgekehrt können die Zahlungen vom Geldgeber unter Umständen als Werbungskosten oder Betriebsausgaben steuerlich geltend gemacht werden.

Wenn ein Kaufvertragsverhältnis vorhanden ist, gelten automatisch entsprechende gesetzliche Regelungen. Die versprochene Leistung hat zu erfolgen, falls nicht, sollte eine entsprechende Einigung zwischen den Kapitalnehmern und den Geldgebern aus der Crowd erzielt werden. Theoretisch kann von letzteren sogar der Klageweg beschritten werden, was aber angesichts der geringen Durchschnittsbeträge kaum zu erwarten ist. Denkbar wären höchstens Klagen von enttäuschten Geldgebern, die an einer besonders hochwertigen Prämie interessiert waren. Da man aus der Szene hört, dass versprochene Prämien nach gelungenem Funding nicht verteilt werden, ist dieser Hinweis zweifellos sehr wichtig.

Irrtümlich wird von einigen Crowdfunding-Enthusiasten behauptet, dass im Rahmen eines (reward- oder donation based) Crowdfunding Schenkungen zustande kämen. Eine Schenkung hat nach § 516 BGB jedoch unentgeltlich erfolgen, d. h. sie sollte mit keiner Gegenleistung in Zusammenhang gebracht werden können. Da (reward based) Crowdfunding immer auf Leistung und Gegenleistung beruht, sollten die gesetzlichen Regelungen über Vertragserfüllungen gemäß § 320 ff BGB gelten.

Wenn derzeit Finanzämter Crowdfunding-Gelder tatsächlich als Schenkungen akzeptieren und steuerrechtlich so behandeln sollten, liegt das vermutlich darin begründet, dass Crowdfunding bei uns noch relativ neu und die genauen (steuer-)

rechtlichen Regelungen noch nicht entsprechend kommuniziert worden sind.[56] Vereinzelte Betriebsprüfungen von erfolgreichen Crowdfundern gab es allerdings schon: Ein betroffenes Unternehmen berichtete mir kürzlich über viel Ärger und eine reichliche Steuernachzahlung...

☞ Crowdfunding-Gelder unterliegen der Steuerpflicht.

☞ Beim reward-based crowdfunding / Crowdsponsoring kommen Verträge auf Gegenseitigkeit zustande, deren Erfüllung eingeklagt werden kann.

☞ Weil Crowdfunding über Internet zustande kommt, gelten außerdem die besonderen Vorschriften für Fernabsatzverträge (vgl. § 312 ff BGB).

SPENDEN

Echte Spenden gegen Spendenbescheinigung können nur von Organisationen oder Unternehmen ausgestellt werden, die vom Finanzamt entsprechend als gemeinnützig anerkannt sind. Die so bescheinigten Spenden können vom Spender steuerlich als Sonderausgaben deklariert werden und sind selbstverständlich vom Geldempfänger auch entsprechend in der Steuererklärung anzugeben.

DARLEHEN / KREDITE

Obschon im allgemeinen Sprachgebrauch synomym verwendet, bestehen zwischen Darlehen und Kredit rechtliche Unterschiede. Darlehen werden im BGB in §§ 488 bis § 490 geregelt. Im Rahmen eines Darlehens werden üblicher Weise Geld oder - selten - Sachen auf Zeit überlassen und dann zurückgegeben. Ein Kredit dagegen kann eine „Stundung" fälliger Leistungen sein, so spricht man zum Beispiel von Lieferantenkrediten, wenn für die Bezahlung gelieferter Waren ein Zahlungsziel von 90 oder 180 Tagen vereinbart ist. Wer über ein (reward-based) Crowdfunding die Erstellung von Produkten vorfinanziert, die er den Geldgebern anschließend liefert, hat ebenfalls einen Kredit erhalten. Wie beim Lieferantenkredit ist die vertragliche Grundlage hier ein Kaufvertrag.

Im Crowdlending und im (lending-based) Crowdinvesting kommt dagegen Geldleihe auf Basis von Darlehensverträgen zustande. Denkbar, wenngleich im deutschen Crowdfunding noch ungebräuchlich, wären auch Darlehen als verbriefte Schuldtitel, wie festverzinsliche Anleihen, Bonds u. ä., die als Wertpapiere handelbar sind.

Die Rückzahlungen der Darlehen (nebst vereinbarter Zinsen und ggf. Verzugszinsen) können auf Basis dieser Verträge gerichtlich eingeklagt werden; auch in einem möglichen Insolvenzverfahren des Kapitalnehmers kann es durchaus Sinn machen, wenn kleine Darlehensgeber ihre belegbaren Forderung entsprechend anmelden.

PARTIARISCHE DARLEHEN / NACHRANGDARLEHEN

Ein partiarisches Darlehen oder „Beteiligungsdarlehen" ist eine Sonderform eines Darlehens nach deutschem Recht. Partiarisch heißt gewinnabhängig. Als Entgelt für das Darlehens wird ein Anteil am Gewinn (oder Umsatz) des Unternehmens oder des Einzelgeschäfts / Projekts, zu dessen Finanzierung das Darlehen gewährt wurde, vereinbart.

Nachrangigkeit bedeutet: Im Unterschied zu einer langfristigen Kreditfinanzierung tritt bei Nachrangdarlehen der Rückzahlungsanspruch im Insolvenzfall hinter die Ansprüche anderer Gläubiger zurück. Der nachrangige Darlehensgeber trägt damit ein höheres Risiko als andere.

Partiarische Darlehen unterscheiden sich in einem Punkt von Nachrangdarlehen: Während bei partiarischen Darlehen die Vergütung für die Kapitalüberlassung davon abhängt, ob das Unternehmen einen Gewinn erwirtschaftet oder nicht, wird bei Nachrangdarlehen eine feste Mindestverzinsung garantiert, die um eine variable Komponente ergänzt werden kann. Bei beiden Darlehensformen ist eine Verlustbeteiligung ausgeschlossen, womit das Verlustrisiko auf den Darlehensbetrag beschränkt ist.

☞ Nachrangige Darlehen und partiarische Darlehen werden bilanziell beim Darlehens-nehmer als Fremdkapital ausgewiesen.

☞ Die gezahlten Zinsen auf Darlehen werden von Unternehmen als Betriebsausgaben angesehen, die den steuerpflichtigen Gewinn mindern.

☞ Erhaltene Zinsen aus gewährten Darlehen müssen von Geldgebern als Kapitalerträge versteuert werden.

Auf den Crowdinvesting-Portalen werden häufig „partiarische Nachrangdarlehen" angeboten, d. h. man hat eine Verschmelzung beider Formen: Mindestverzinsung wird garantiert und zusätzlich eine gewinnabhängige Vergütung in Aussicht gestellt. Parallel wird die Nachrangigkeit der Rückzahlungsansprüche betont.

Diese Form ist offenbar eine Kreation des Crowdinvesting-Marktes, um die Vorschriften der Finanzaufsicht zu umgehen und um eine Form von Mezzanine-Kapital (s.u.), ähnlich echtem Beteiligungskapital zu schaffen. Bis die Portale um 2012 diese Darlehensform für sich entdeckten, war sie im Finanzbereich nahezu unbekannt.[57]

MEZZANINE-KAPITAL / MEZZANINE FINANZIERUNG

Mischformen aus Eigen- und Fremdkapital werden als „Mezzanine" bezeichnet. Mezzanine-Kapital kann zum Beispiel, wie im Crowdinvesting häufig zu finden, in Form von Genussscheinen oder stillen Beteiligungen gegeben werden. Hier kommt (befristet) fremdes Kapital ins Unternehmen, das aber über einen **Eigenkapitalcharakter** verfügt, und die Eigenkapitalquote erhöhen kann. Mezzanine-Kapital, das in Form von nachrangigen, partiarischen Darlehen oder Gesellschafterdarlehen gewährt wird, besitzt hingegen **Fremdkapitalcharakter** und ist in der Regel bilanziell als solches zu erfassen. Klassische Fremdkapitalgeber wie Banken rechnen dieses fremde Kapital aber dem „wirtschaftlichen Eigenkapital" zu, da es die verfügbaren Kreditsicherheiten durch seine Nachrangingkeit nicht schmälert.

☞ Die Einbringung von Mezzanine-Kapital hat zur Folge, dass sich das bankinterne Rating eines Unternehmens verbessert und eine günstige Weiterefinanzierung möglich wird. Dieser Vorteil spielt beim Crowdinvesting eine wichtige Rolle. Wenn Unternehmen wachsen wollen, sind sie auf weitere Finanzierung, auch durch Banken, angewiesen.

STILLE BETEILIGUNG

Eine direkte - stille oder offene - Beteiligung am zu finanzierenden Unternehmen einzugehen ist ein Klassiker im Investitionskapitalbereich. Der „stille" Teilhaber oder Gesellschafter kann eine natürliche oder eine juristische Person sein, die sich im Normalfalle über eine Geldeinlage, seltener durch die Einbringung einer Sach- oder Arbeitsleistung, am Unternehmen beteiligt. Wie der Name schon sagt, treten „stille" Beteiligte im Gegensatz zu „offenen" Teilhabern nicht nach außen in Erscheinung, und ihre Beteiligung wird in der Regel nicht im Handelsregister veröffentlicht, was Aufwand und Kosten spart.

☞ Die Form der stillen Beteiligung ist auch für Crowdinvestings, wo temporär eine Gruppe von neuen Investoren ins Unternehmen kommt, realisierbar.

Anders als offene Beteiligte, sind typisch stille Gesellschafter keine Mitunternehmer, aber jederzeit berechtigt, die Geschäftsbücher persönlich einzusehen. So können sie die Entwicklung der Unternehmung kontrollieren und ein Sonderkündigungsrecht für ihre Beteiligung ausüben. Sie haften nicht für Verbindlichkeiten des Unternehmens und im Falle einer Insolvenz nehmen sie die Rechtsstellung eines Gläubigers ein. Gleichzeitig ergibt sich aus der stillen Beteiligung eine prozentuale Beteiligung am Gewinn und aus einem etwaigen Verkaufserlös des Unternehmens. Die stillen Teilhaber müssen diese Gewinne als Kapitalerträge versteuern.

☞ Neben der „typisch" stillen Beteiligung gibt es die „atypische" stille Beteiligung. Hier werden dem stillen Gesellschafter so umfangreiche Vermögens- und Kontrollrechte eingeräumt, dass er als Mitunternehmer im Sinne EStG gilt.

Der „atypisch" stille Gesellschafter ist nicht nur am Gewinn und Verlust, sondern zusätzlich am gesamten Vermögen der Gesellschaft beteiligt. Seine Gewinne aus der Beteiligung werden als gewerbliche Erträge zu dem für ihn geltenden Einkommenssteuersatz versteuert.

Auch bei der stillen Beteiligung handelt es sich um Mezzanine-Kapital. Die Bilanzierung der Einlagen von stillen Gesellschaftern ist in den Vorschriften des Handelsgesetzbuchs nicht ausdrücklich geregelt. Die Zuordnung zum Fremd- oder Eigenkapital innerhalb der Handelsbilanz hängt von der Ausgestaltung des Gesellschaftsvertrages mit dem „Stillen" ab. Eine stille Beteiligung kann als Eigenkapital bilanziert werden, wenn folgendes vereinbart wurde:

- Erfolgsabhängigkeit der Vergütung,

- Teilnahme am Verlust bis zur vollen Höhe,

- Langfristigkeit der Kapitalüberlassung (mindestens fünf Jahre),

- Nachrangigkeit der Forderung im Insolvenz- oder Liquidationsfall gegenüber allen Gläubigern.[58]

GENUSSSCHEINE

Hierbei handelt es sich es um die verbriefte Form von sogenannten „Genussrechten". Auch sie gelten als „Fremdkapital mit Eigenkapitalcharakter", also Mezzanine-Kapital. Genussrechte sind eine Beteiligungsform, die es ausschließlich in Deutschland, Österreich und der Schweiz gibt. Genussrechte bieten dem Inhaber z.B. eine gewinnabhängige Vergütung seines Kapitaleinsatzes und eine Beteiligung am Liquidationserlös. Verwaltungsrechte, insbesondere Stimmrechte, sind jedoch nicht eingeschlossen.

☞Der Genussrechteinhaber kann sowohl am laufenden Verlust des emittierenden Unternehmens als auch an einem etwaigen Liquidationsverlust beteiligt werden. Genaue Regelungen haben im Einzelfall zu erfolgen.

Im Fall einer Insolvenz werden Genussscheine wie ein Nachrangdarlehen behandelt, das heißt, sie werden erst ausgezahlt, wenn die Gläubiger vorrangiger Darlehen zufrieden gestellt wurden.

Genussrechte gerieten unlängst durch die Firma PROKON in die Schlagzeilen. Das Insolvenzverfahren für den Windkraftanlagen-Betreiber wurde am 1. Mai 2014 eröffnet.[59] Aufgrund mehrerer Rechtsgutachten geht der Insolvenzverwalter davon aus, dass in diesem Fall die Genussrechtsinhaber nicht schlechter gestellt werden als die übrigen Gläubiger.[60] Es steht zu vermuten, dass der Ausgang dieses

Verfahrens und seine Medienresonanz erheblichen Einfluss auf jene Crowdinvesting-Modelle haben wird, die auf Basis von Genussrechten arbeiten.

AKTIEN

Aktien sind eine uralte Form der Kollektivfinanzierung. Einer der ältesten Anteilscheine, der nach heutigem Verständnis als Aktie gelten kann, ist eine Urkunde aus dem Jahre 1288, die 1/8 Anteil an der schwedischen Kupfermine in Falun verbrieft. Die betreffende Aktiengesellschaft besteht übrigens heute noch; seit 1998 fusioniert mit dem finnischen Unternehmen Ensound, firmiert sie inzwischen unter dem Namen „Stora Enso".[61]

☞ Aktien sind Wertpapiere, welche Anteile am Eigenkapital eines Unternehmens verbriefen. Bei der Gründung einer Aktiengesellschaft wird festgelegt, in wie viele Aktien das vorliegende Grundkapital aufgeteilt wird. Diese werden dann veräußert. Anders als ein Darlehen, bei dem die Rückzahlung des Geldes obligatorisch ist oder bei einer Gesellschaftereinlage, die gekündigt werden kann, bleibt der Aktienanteil an sich immer erhalten, kann jedoch den Besitzer wechseln.

Aktien können an einer Wertpapierbörse oder außerbörslich gehandelt werden. Die Ausgabe von Aktien bezeichnet man als Emission. Spätere Neuemissionen sind möglich und führen zu Eigenkapitalerhöhungen für das Unternehmen.

Aktiengesellschaften bieten den Vorteil einer Kapitalausstattung durch eine (große) Gruppe von interessierten Investors. Aktien können, wenn eine entsprechend Nachfrage vorhanden ist, leicht den Besitzer wechseln und, weil die aktuellen Aktienbesitzer dem Unternehmen meist gar nicht bekannt, sondern „anonym" sind, hat sich der Begriff „Société Anonyme" (abgekürzt S.A.) für die Rechtsform von Aktiengesellschaften in verschiedenen französischsprachigen Ländern eingebürgert.

Man kann aufgrund ihrer Struktur die Aktiengesellschaft als einen Archetypus des Crowdinvestings betrachten. Die Masse investiert auf Basis überschaubarer Einzelbeträge in ein Unternehmen bzw. unternehmerisches Vorhaben.

Aktionäre können ein Mitspracherecht in Hauptversammlung der Aktiengesellschaft ausüben oder sich entsprechend über eine Vollmachtserteilung von anderen Personen oder Institutionen vertreten lassen. Bei guter wirtschaftlicher Entwicklung des Unternehmens steigt der Wert Aktien, so dass sie mit Profit verkauft werden können. Auch werden Gewinne in Form von Dividenden, sofern die Hauptversammlung dieses beschließt, an die Aktionäre ausgeschüttet. Gewinne aus Aktiengeschäften sind als Kapitalerträge versteuern.

Aktien börsennotierter Unternehmen können an jedem Handelstag der Wertpapierbörsen den Besitzer wechseln. Dieser schnelle Zugang zu Liquidität und die Renditechancen machen Aktienanlagen attraktiv. Die Gefahr für Aktionäre besteht jedoch darin, dass die Aktien bei schlechter wirtschaftlicher Entwicklung des emittierenden Unternehmens oder seiner Insolvenz an Wert verlieren oder gänzlich wertlos werden. Eine besondere Gefahr bei außerbörslich gehandelten (Sekundärmarkt-) Aktien ist, dass sich eine Veräußerung im Bedarfsfalle als sehr schwierig gestalten kann. Solche Aktien sind die im Crowdinvesting übliche Form, wenn es um die Finanzierung von Aktiengesellschaften geht. Investoren sollten dieses Risiko beachten. Crowdfundings auf Aktienbasis setzten in der Regel darauf, dass die Geldgeber - aufgrund zusätzlich gewährter Vorteile - ihren Anteil lange halten oder sich innerhalb der Crowd vernetzen und die Aktien bei Bedarf untereinander handeln. Auch ein Rückkauf der Anteile vom emittierenden Unternehmen ist theoretisch möglich.

Abb. 8: Eine der ältesten Aktien ist die der „Fürther Actien-Gesellschaft für Gasbeleuchtung" von 1858

◆◆◆

Abschließend ist zu sagen, dass Crowdfunding kein Modell sorgloser schneller Geldbeschaffung ist, sondern sämtliche Finanztransaktionen mit entsprechender Sorgfalt getätigt werden sollten. Diese Pflicht obliegt Geldgebern ebenso wie Kapitalsuchenden und nicht zuletzt den Intermediären, wie den Plattformbetreibern. Wer glaubt, bei Investitionen im Netz einer vermeintlichen „Schwarmintelligenz" folgen zu können, läuft Gefahr, sich statt in einem klug agierenden Schwarm in einer desorientierten Horde wiederzufinden.

Welche Strategien es für Kapitalsuchende und Geldgeber gibt, damit Crowdfunding langfristig ein Erfolgskonzept sein kann, darum geht es im Folgenden.

Wie Crowdfunding gelingen kann

Abb. 9: Geldregen -©bluedesign - Fotolia.com

TIPPS FÜR KAPITALSUCHENDE

Crowdfunding-Enthusiasten sind davon überzeugt, dass Kapitalsuchende dabei in jedem Fall etwas gewinnen: Sie können die Kampagne für Eigen-PR und Marketing nutzen, wichtige Erfahrungen in Sachen Konzept, Präsentation und virtueller Kommunikation machen, selbst wenn sie am Ende die angestrebte Kapitalsumme nicht erreichen und finanziell leer ausgehen.

Aber ist pauschal allen anzuraten, „im Netz, das nichts vergisst", das eigene Finanzierungsanliegen auszubreiten und sich Geldgeber aus der Crowd zu suchen? Vor der Entscheidung für oder gegen Crowdfunding sollte ein sorgfältiges Abwägen von Vor- und Nachteilen, Chancen und Risiken sowie die Erörterung von möglichen Alternativen stehen.

Die Crowd ist, wie schon dargelegt, keine gesichtslose Masse, sondern besteht aus Individuen, die als solche wahrgenommen werden wollen. Damit müssen sich alle Crowdsourcing-Aktivitäten auseinandersetzen, umso mehr, wenn werthaltige Leistungserbringungen von der Crowd gefragt sind. Crowdfunding ist kein Selbstbedienungsladen, sondern erfordert viel Engagement und eine aktive Auseinandersetzung mit der Crowd. Das kostet Zeit, bindet Energien und verschlingt im Zweifelsfalle sogar Ressourcen, die für dann das zu finanzierende Kernanliegen fehlen könnten. Zudem eignet sich nicht jedes Finanzierungsanliegen, um in den „unendlichen Weiten" des Cyberspace die richtigen Geldgeber aufzutun. Manche Vorhaben sind sehr speziell und erreichen ihre spezifische Investoren-Zielgruppe besser direkt.

> Crowdfunding kann nicht als DIE Finanzierungslösung für jedes Vorhaben und jeden Kapitalsuchenden gelten. Stets sollte man den Einzelfall und die Alternativen betrachten.

Ehe es um die Faktoren für gelungenes Crowdfunding geht, lohnt es sich, einen Blick auf die anderen Möglichkeiten für Finanzierungen zu werfen, die im allgemeinen

Crowdfunding-Fieber allzu leicht übersehen werden, und eventuell eine sinnvolle Alternative oder auch eine gute Ergänzung sein können.

Finanzierungsalternativen

o „Friends and family" kommen oft als erste Geldgeber in Frage, wenn es um die Finanzierung von Projektideen geht. Wenn es der finanzielle Hintergrund zulässt, kann ein Darlehensvertrag oder eine Unternehmensbeteiligung selbstverständlich auch zwischen Verwandten oder Freunden zustande kommen und ein probates Mittel der Anfangs- oder Zwischenfinanzierung sein.

o Obschon vielfach in die Kritik geraten, sind klassische Bankdarlehen, eventuell kombiniert mit öffentlichen Förderungkrediten, oder die Einräumung von Betriebsmittelkrediten oder Kreditlinien („Kontokorrent") noch immer Standard in der Unternehmens- und Projektfinanzierung.

o Gängige Betriebspraxis im Mittelstand sind Unternehmensfinanzierungen aus dem laufenden Geschäftsbetrieb z. B. durch Rücklagenbildungen, Veräußerungen von Betriebsvermögen, gezieltem Abbau von Lagerbeständen, durch Kostenoptimierungen oder Forderungsverkauf (Factoring) sowie durch Einräumung oder Erweiterung von Lieferantenkrediten.

o Als weitere (alternative) Finanzierungsinstrumente kennen wir schon lange die Auflage von Unternehmensanleihen oder die Einwerbung von Beteiligungskapital.

o Die „gute alte" Genossenschaftsidee erfährt derzeit eine Renaissance, wenn es um eine Finanzierung gemeinschaftlicher Anliegen geht. Projekte, wie der Netzkauf durch die „Stromrebellen von Schönau" alias Elektrizitätswerke Schönau eG zeigen, dass sich auch auf diese Weise Menschen ebenso wie große Geldsummen bewegen lassen.

Die technischen Anforderungen, welche die Funding-Portale an Crowdfunding-Aspiranten stellen, sind erfreulich niedrig. Auch gibt es meist nur wenige bürokratische Hürden zu überwinden, will man das eigene Projekt platzieren. Wichtiger sind inhaltliche Aspekte für den Funding-Erfolg. Wer es mit Geld aus der Crowd versucht, sollte sich darum vorab einige Fragen stellen:

➢ Welche Fundingmethode ist für das eigene Vorhaben am besten geeignet?

➢ Wann ist der beste Zeitpunkt bzw. das optimale Zeitfenster für die Kampagne?

➢ Soll eine Plattform gewählt werden oder bestehen evtl. Möglichkeiten, das Crowdfunding - sowohl rechtssicher als organisatorisch - über eigene Kanäle bekannt zu machen und abzuwickeln?

Nach einer Entscheidung für eine Plattform sollten folgende Überlegungen stehen:

> Auf welcher Plattform hat das eigene Vorhaben die größten Chancen? (Welche Plattform spricht die eigene Klientel am besten an? Wo sind ähnliche Finanzierungen schon erfolgreich abgewickelt worden?)

> Wo sind die vorgegebenen Strukturen (Finanzierungsmodell, Kosten, Rechtliches etc.) am passendsten?

> Was bieten die Plattformbetreiber an zusätzlichen kostenfreien oder kostenpflichtigen Services und Hilfestellungen?

Ein Beispiel aus der Praxis:
Dr. Oliver Lang, Gründer und Geschäftsführer des Berliner Unternehmens Sonnenrepublik GmbH erläuterte auf einer Veranstaltung der Berliner Wirtschaftsgespräche e.V. im Februar 2014, sein Unternehmen habe sich für die Plattform INNOVESTMENT entschieden, weil es sich als technologisch orientiertes Start-up dort gut aufgehoben fühlte, die Abläufe beim Anbieter sehr schnell zeigen, ob die Finanzierung überhaupt zustande kommt, und dann auch das rasche Erreichen der Zielsumme wahrscheinlich ist. Zudem war ihm wichtig, dass die dort angebotenen stillen Beteiligungen die Eigenkapitalquote direkt erhöhen, und sich dem Unternehmen so Chancen auf eine (günstige) Weiterfinanzierung durch Banken bieten.

Wer die optimale Funding-Plattform für sich gefunden hat, muss vor der Crowd die Plattformbetreiber von sich überzeugen. Die wollen im eigenen Interesse möglichst attraktive und erfolgversprechende Projekte platzieren. Nach Aussagen von Startnext-Gründer Bartelt bei Spiegel Online im Juni 2013 kommen zehn bis fünfzehn Prozent der eingereichten Finanzierungsideen gar nicht erst an den Start.[62]

Nach meinen eigenen Recherchen seit 2012 gelingt auch nach erfolgreichem Start das Funding nur bei 30 bis 50 Prozent, und der durchschnittliche Geldgeber im reward-based Crowdfunding investiert 50 Euro. Um hier 20.000 Euro einzuwerben, braucht es etwa 300 Einzelspender. Diese große Anzahl zu erreichen, muss von den Kapitalsuchenden einiges getan werden. Im Crowdinvesting-Bereich ist die Erfolgsrate durch höhere Eingangshürden sowie die in Aussicht gestellten Renditen begreiflicher Weise besser, aber hier gilt es umso mehr, realistisch und sorgfältig zu planen, sonst steht am Ende eine (schleichende) Insolvenz, und viele verärgerte Stimmen aus der Crowd könnten im Netz zu einer nachhaltigen Rufschädigung für die – oft noch jungen – Unternehmer führen.

Für ein gelungenes Crowdfunding gibt es vier Eckpfeiler – die „4 K":

KONZEPT

Grundvoraussetzung ist immer ein überzeugendes Konzept. Es muss realisierbar und wirtschaftlich belastbar sein. Für Geldgeber ist es oft schwer zu beurteilen, ob ein innovatives Start-up, ein Projekt oder ein neues Produkt eine echte Marktchance hat, und ob ein Kapitalsuchender die entsprechenden Voraussetzungen mitbringt, das angekündigtes Vorhaben zu realisieren. Umso wichtiger ist ein durchdachtes, gut kommunizierbares Konzept, das auch kritischen Fragen standhält. An dieser Stelle zitiere ich gerne einen, auf dem „Entrepreneurship Summit" 2013 in Berlin mehrfach vernommenen Satz von Prof. Dr. Günter Faltin: „Eine gute Idee ist noch längst kein Konzept."

 Wer kritisch prüft und realistisch plant, kann langfristig Erfolg haben, durch gute Darstellung überzeugen und so Unterstützung aus der Crowd finden.

Leider zeichnet sich im aktuellen Crowdfunding-Boom die Tendenz ab, der Crowd, „fixe" Ideen statt durchdachter Konzepte vorgelegt werden. Plattformenbetreiber und manche Berater fördern dieses Prinzip. Gut erzählte Geschichten sollen die Crowd begeistern und dazu bringen, ihr Portemonnaie zu öffnen. Kurzfristig mag das funktionieren, langfristig schadet es aber dem System Crowdfunding, soll es eine Möglichkeit zu nachhaltiger wirtschaftlicher Förderung sein.

KALKULATION

Zum Konzept gehört neben Marketing und anderen strategischen Planungen die Finanzplanung. Beim Crowdfunding hat diese Auswirkung auf das „Fundingziel", d. h. die Mindestsumme, die es in einem festgesetzten Zeitraum einzuwerben gilt. Dieses muss richtig kalkuliert sein, um das angestrebte Ziel erfüllen zu können. Kosten für die Portale, Prämien und Werbeaufwendungen müssen selbstverständlich berücksichtigt werden, ebenso wie (nachträglich) anfallende Steuern. Mittel- bis langfristig ist zu bedenken, dass Darlehen zurückgeführt, vereinbarte Zinsen gezahlt und Teilhaber ausbezahlt werden wollen. Es gibt also viel zu berechnen…

 Kaum ein Unternehmen wird sich ausschließlich mit Crowdfunding-Methoden finanzieren können. Sinnvoll ist darum, sich von vornherein ein „Hybrid-Modell" überlegen, wo mehrere Finanzierungsvarianten einander ergänzen.

KOMMUNIKATION

Wer Geld von der Crowd will, muss mit ihr kommunizieren. Diese Kommunikation läuft über das Internet und die sozialen Medien. Es handelt sich um Web 2.0-Kommunikation, das bedeutet, einen virtuellen Dialog in Echtzeit zu führen. Nicht nur vor und während der Kampagne muss präsentiert, informiert, erinnert und geantwortet werden; wer das Vertrauen der Crowd nicht verlieren will, sollte auch nach gelungener Finanzierung „am Ball bleiben" und die Crowd regelmäßig über Projektfortschritte unterrichten. Unerlässlich ist Kommunikation auch, wenn etwas nicht optimal läuft oder sich gar eine Krise im Projekt abzeichnet. Dann gilt es, angemessen zu informieren, ohne Panik zu verbreiten. Die Crowd hat bekanntlich viele Potenziale, so dass Chancen bestehen, hier neben Verständnis sogar auf Lösungsangebote oder praktische Hilfe zu stoßen.

 Kommunikation 2.0 ist Dialog. Der kostet Zeit und Energie. Wer diese nicht aufbringen kann oder will oder sich insgesamt mit den neuen Medien schwer tut, dürfte von einer Crowdfunding-Kampagne rasch überfordert sein.

KONTAKTE

Wer erfolgreich Crowdfunding machen will, kann sich nicht ausschließlich auf die Plattformen, deren Werbemaßnahmen und Besucherzahlen verlassen. Neben Eigeninitiative im Web, wie Videos, Fansites, Online-Werbung und klassischer Presse- und Öffentlichkeitsarbeit sind ausreichend Kontakte zu netzaffinen Unterstützern gefragt. Das Web 2.0 lebt von der „viralen" Informationsverbreitung, und Crowdfunding basiert darauf, dass sehr viele Menschen eher kleine Geldbeträge geben. Diese Masse zu erreichen, braucht es „die Kontakte hinter den Kontakten". Die Plattformen haben längst erkannt, wie wichtig solche Unterstützer für den Erfolg eines Crowdfundings sind. Startnext hat beispielsweise vor die Fundingphase eine sogenannte „Startphase" von 30 Tagen geschaltet. In dieser Zeit muss ein Projekt, abhängig von der Höhe des angestrebten Geldbetrages, zwischen zehn und hundert sogenannte „Fans" gewinnen. Das sind Personen, die sich auf der Plattform eintragen und positiv für das Projekt votieren - unabhängig davon, ob sie später tatsächlich Geld geben. Ein vergleichbares Modell findet sich auch bei Sciencestarter und United Equity.

 Wer vor dem Crowdfunding erst ein relevantes "Netzwerk im Netz" aufbauen muss, sollte sich eine Stategie dafür zurechtlegen und genug Zeit für die Umsetzung einplanen – das bedeutet, zwischen mehreren Wochen bis Monaten gezielter Internetmedienarbeit.

Wer schon über gewisse Popularität verfügt, hat es selbstverständlich leichter als der durchschnittliche Crowdfunding-Anwärter. Der bekannten Unternehmerin Sina Trinkwalder ist es 2012 gelungen, für ihr sozial engagiertes Textilunternehmen Manomama GmbH innerhalb weniger Wochen zirka 51.000 Euro für neue Nähmaschinen einzuwerben[63] – ohne Hilfe eines Crowdfundingportals, nur über ihre eigenen Medienkanäle. Die eingangs erwähnten bekannten Kabarettisten Dieter Hildebrandt († 2013) und Konstantin Wecker erhielten nicht zuletzt aufgrund ihrer Popularität bei der Zielgruppe für ihr Projekt Störsender.TV Ende 2012 über 150.000 Euro an Geldspenden.[64] Auch der ehemalige Pressesprecher des „Chaos Computer Club", Andreas Bogk, spielte mit Unterstützung seiner Internetfreunde für sein Brauerei-Projekt statt der ursprünglich angepeilten 3.000 Euro am Ende 21.455 Euro ein.[65] Diese Beispiele können allerdings als erfolgreiche Ausnahmen gelten.

TIPPS FÜR GELDGEBER

Bei den obigen Ausführungen lag der Augenmerk auf der Position der Kapitalsuchenden. Wie aber sieht gelunges Crowdfunding für die Geldgeber aus? Wer im Rahmen von Crowddonating oder Crowdsponsoring Geld gibt, erwartet weder Rückzahlung noch Rendite, sondern will ein Vorhaben fördern und / oder eine bestimmte Prämie bekommen. Selbstverständlich darf man als Geldgeber davon ausgehen, dass die eingesammelten Gelder wie versprochen verwendet, die angekündigten Projekte realisiert und die versprochenen Prämien verteilt werden. Auch gehören Informationen zum Projektfortschritt, ein freundliches „Dankeschön" und - allerdings nur bei echten Spenden von steuerrechtlich entsprechend anerkannten Organisationen - eine Spendenquittung zu dem, was hier getrost erwartet werden darf.

> ☞ Werden die legitimen Erwartungen nicht erfüllt, sollten Geldgeber die Crowdffunder direkt ansprechen, ehe es zu Ärger oder Zerwürfnissen kommt.

Nicht zu unterschätzen ist die Macht der Crowd. Ein frustrierter Kunde in der Offline-Welt teilt seinen Missmut vielleicht einem duzend Personen mit, von denen es ihrerseits nur wenige weitererzählen. Eine entsprechende Äußerung in den sozialen Medien kann dagegen eine ganz andere Wirkung haben. Ein bekanntes Beispiel ist die Wut der Crowdfunder von Oculus VR über dessen Milliarden-Deal mit Facebook.[66] Dafür, dass sich das junge Unternehmen kurz nach gelungenem Crowdunding vom Medienriesen Facebook kaufen ließ, was seinen Gründern ein beachtliches Vermögen einbrachte, während sie nur Produkte als Dankeschön erhalten hatten, hatten sie es nicht mit zwei Millionen US-Dollar gesponsert…

Sachlich betrachtet, beinhaltet ein erfolgreich abgeschlossenes Crowdfunding keinen weiteren Einfluss auf die geschäftlichen Entscheidungen der Geldnehmer. Sind die Prämien verteilt und Gelder zu vereinbarten Konditionen zurückgezahlt, dann ist die geschäftliche Beziehung im Regelfalle beendet. Darauf müssen sich Geldgeber einstellen. Dennoch kann es sinnvoll sein, Kritik zu äußern. Die Crowd kann so als Korrektiv wirken und Kapitalsuchenden zeigen, dass sie keine stupide Masse ist, die alles kritiklos hinnimmt. Doch sollten Geldgeber sich im eigenen Interesse nicht zu sehr mit den von ihnen finanzierten Projekten und Unternehmen identifizieren; ist alles wie versprochen abgewickelt, muss ein Geldgeber auch loslassen können.

Etwas anders als beim Crowdsponsoring oder Crowddonating verhält es sich im Crowdlending und Crowdinvesting, wo längerfristige Geschäftsbeziehungen eingegangen werden. Insbesondere im Crowdinvesting bleibt die geschäftliche Beziehung im Regelfall über Jahre, bestehen. Darum ist es durchaus vernünftig, wenn Geldgeber ihrerseits den Kontakt mit den Kapitalempfängern halten und im Rahmen ihrer Möglichkeiten eine gewisse Kontrolle und Einfluss ausüben. Ein Interesse der Geldgeber am finanzierten Objekt kann überdies Chancen zu einer langfristigen, für beide Seiten als positiv empfundenen Geschäftsbeziehung eröffnen. Das zeigt das Beispiel der Düsseldorfer Firma Cosmopol-Shop, gegründet 2009. Über Crowdinvesting bekam das Jungunternehmen zwei Jahre nach Gründung 93.250 Euro Wachstumskapital (Zielsumme: 80.000 Euro)[67]. Die Investoren können beim Einkauf in „ihrem" Shop langfristig von speziellen Rabatten profitieren, und Geschäftsführer Michael Kraus berichtete bei ZEIT ONLINE: „Wir haben einen engen Kontakt zu einem harten Kern unserer Investoren." Die privaten Anteilseigner begleiten zum Beispiel die Umgestaltung der Internetseite mit Verbesserungs-vorschlägen.[68] Auch die erfolgreichen Fundings von BrewDog und Philippe DuBois & Fils sind auf eine langfristig gute Geschäftsbeziehung zwischen Unternehmen und Crowdfundern ausgerichtet.

Wer statt auf Beziehung ausschließlich auf Rendite setzt, sollte sich überlegen, ob er hier wirklich investieren sollte. Über allen Crowdinvestings oder Crowdlendings schwebt das Damoklesschwert des Totalverlusts. Beim Crowdlending auf Basis von Ratenkrediten, wie bei Auxmoney, kommen die ersten Rückzahlungsraten zwar schon bald nach der Einzahlung, und die Zinsen sind relativ hoch. Im Crowdinvesting wird das eingesetzte Kapital dagegen langfristig gebunden, der garantierte Zins ist gering, und eine Rendite ergibt sich allein aus einer positiven Geschäftsentwicklung, welche bei Start-ups jedoch nicht vor dem fünften Geschäftsjahr zu erwarten ist, - und dann enden auch schon viele Investingverträge. Hohe Renditen wurden bislang in nur wenigen Einzelfällen erzielt, als es zu einem „Exit-Ereignis" in Form einer Übernahme von mehr als 50 Prozent der Unternehmensanteile durch Großinvestoren (Venture Capital) kam. Dafür sind nur wenige Start-ups geeignet. Zum passenden Konzept braucht es im Regelfalle Gründer und Berater, die sich aktiv auf die Suche nach Venture Capital machen. Für viele Jungunternehmer ist Venture Capital nicht mehr als ein vielversprechender Begriff, wie man es erfolgreich einwirbt, wissen die wenigsten. Manche hoffen, über das Crowdfunding von einem Großinvestor „entdeckt" werden, was leider selten glückt. Wahrscheinlicher als der große „Buy-out" sind leider (schleichende) Insolvenzen. Dazu Raphael Moritz vom Handelsblatt: „Laut Gründungsmonitor der KfW-Bank scheitert jedes dritte Start-up in den ersten drei Jahren. Die meisten Unternehmen, die per Crowdinvesting auf Investorensuche gehen, sind nicht älter als zwei Jahre. Welche die kritische Phase überstehen, ist noch nicht absehbar."[69] Selbst die von den Portalbetreibern viel beschworene „Risikostreuung" gleicht somit einem Roulette-Spiel.

> **Risikostreuung** bedeutet die gleichmäßige Verteilung des zur Verfügung stehenden Investitionskapitals auf möglichst viele unterschiedliche Investments nach der Formel $1/n$.

Es gibt erfolgreiche Crowdinvestoren, die auf diese Weise systematisch vorgegagen sind. Allerdings haben sie nach meiner Erkenntnis Gesamtsummen eingesetzt, die mindestens im (hohen) fünfstelligen Bereich lagen. Dann sind die Chancen tatsächlich gut, dass ein bis zwei Investments die erhoffte große Rendite bringen, welche die gleichfalls zu erwartenden Totalausfälle überkompensiert. Freilich setzt diese Anlagestrategie voraus, dass ein Geldgeber eine entsprechende Kapitalsumme zur Verfügung hat und über mindestens fünf Jahre bindend einsetzen kann. Wer dagegen nur einige hundert bis einige tausend Euro als Anlagekapital kurz- bis mittelfristig zur Verfügung hat, für den taugt diese Strategie wenig. Sämtliche, im Crowdinvesting genutzte Finanzkonstrukte sind zudem für unerfahrene Anleger nicht empfehlenswert. Es bestehen normalerweise zwar keine finanziellen Nachschuss-Pflichten, doch gibt es (steuer-)rechtlich manches zu beachten.

Ist demnach Kleinanlegern vom Crowdinvesting grundsätzlich abzuraten? NEIN! Im Crowdinvesting-Bereich bewerben sich durchaus zukunftsträchtige Geschäftskonzepte und überaus engagierte (Jung-)Unternehmer um unser Geld, die in dieser Unternehmensphase kaum eine andere Chance auf Finanzierung haben. Wer hier gerne förderlich investieren will, sollte es tun – und zwar BEWUSST! Nachstehende Fragen sollen dabei hilfreich sein…

☞ **Warum will ich gerade in dieses Vorhaben investieren?**

Lockt mich vor allem die Renditechance? Oder geht es mir darum, dass genau dieses Vorhaben eine Chance erhält? (Wem es vor allem um Renditen geht, sucht besser nach anderen Anlageformen.)

☞ **Verstehe ich das Finanzierungskonzept?**

Wenn nicht…
…unbedingt Expertenrat einholen, z. B. beim eigenen Steuerberater.

☞ **Erscheint mir das Unternehmenskonzept transparent und schlüssig?**

Wenn nicht…
…nehmen Sie zu den kapitalsuchenden Unternehmern persönlich Kontakt auf und stellen Sie Ihre kritischen Fragen!

☞ **Kann ich den Markt für das Vorhaben einigermaßen gut einzuschätzen?**

Wenn nicht…
…beschaffen Sie sich relevante Informationen und fragen Sie Experten.

☞ **Welchen Eindruck machen die „Köpfe" des Unternehmens auf mich?**

Informieren Sie sich über deren Werdegang, treten Sie mit ihnen in Kontakt, fragen Sie sie nach ihren Zielen.

Wenn Sie nach entsprechender Prüfung zur Ansicht gelangt sind, dass

- das zu finanzierende Vorhaben grundsätzlich unterstützenswert ist,

- eine Marktchance durchaus vorhanden ist,

- Sie von den Kapitalsuchenden, deren persönlicher Zuverlässigkeit und fachlichen Kompetenzen einen guten Eindruck gewonnen haben,

- Sie auf den eingesetzten Geldbetrag längerfristig verzichten können,

- keine rechtlichen Nachteile befürchten müssen,

- notfalls einen Totalverlust Ihrer Einlage verkraften können,

dann bestehen gute Aussichten auf ein gelungenes Crowdinvesting für beide Seiten: Geldgeber und Kapitalnehmer.

Abb. 8 Stein auf Stein…© froxx - Fotolia.com

Vielleicht erscheint das manchem zu aufwendig, angesichts der überschaubaren Einzel-beträge von einigen hundert bis einigen tausend Euro, die üblicher Weise im Crowdinvesting fließen. So allerdings gehen professionelle Kapitalgeber vor. Großinvestoren und Kreditgeber sind keine „Glücksritter", sondern Kaufleute, die nüchtern Kosten und Nutzen, Chancen und Risiken abwägen. Und wenn Crowdinvesting sich als seriöses und nachhaltiges Finanzierungsmodell etablieren will, muss es von Geldgebern und Kapitalsuchenden ernsthaft betrieben werden.

Wer trotzdem „einfach mal ein bisschen zocken" und dabei das eine oder andere vielversprechende Projekt fördern will, dem möchte ich den Satz eines meiner Dozenten aus dem Studium mit auf den Weg geben, welcher meine eigenen Finanzierungsentscheidungen seither immer positiv beeinflusst hat: „Spekulieren darf man – nur bitte nicht mit dem Haushaltsgeld!"

Fazit und weitere Aussichten

Mit Entwicklung und Ausbreitung der Internettechnologien haben sich soziale Beziehungen und Märkte verändert. Politik, Wissenschaft, Kunst und Kultur sind diesen Einflüssen genauso ausgesetzt wie die Wirtschaft. Die Crowd als Gemeinschaft der Internetnutzer ist dabei zu einem Schlüsselfaktor geworden. Doch ist sie kein „Schwarm", der intuitiv das Richtige tut. Die Crowd besteht aus Individuen mit vielfältigen Ressourcen und Bedürfnissen. Mit Hilfe des Internets und der neuen Medien können sich diese Individuen leicht vernetzen und in interaktive Prozesse treten. Auf diese Weise lassen sich in der Crowd vorhandene Potenziale effizient erschließen und nutzbar machen. Mit „Schwarmintelligenz", wie wir sie aus dem Tierreich kennen, hat das allerdings nichts zu tun. Wenn durch kleine Beiträge Einzelner große Vorhaben realisiert werden können, ist das der Tatsache geschuldet, dass Menschen über die Fähigkeit zur Kooperation verfügen und in der Lage sind, eigene Interessen bewusst (!) in gemeinschaftliche Ziele zu integrieren.

In einer auf Abwege geratenen Finanzwirtschaft, wo Finanzkapital vor allem eingesetzt wird, um Kapitalvermögen zu mehren, erlaubt Crowdfunding den Menschen zurückzukehren zur finanzwirtschaftlichen Basis: Geldvermögen produktiv ins Wirtschaftsgefüge einzubringen und damit unternehmerische, soziale, kulturelle und wissenschaftliche Projekte zu realisieren. So leistet Crowdfunding schon jetzt einen, wenngleich noch sehr kleinen, ökonomischen Beitrag und füllt Lücken, welche die klassischen Finanziers gelassen haben. Noch ist Crowdfunding ein Nischenmarkt, in seinem Mutterland USA werden mittlerweile allerdings schon Milliarden bewegt, und auch in Europa wachsen die Umsätze nahezu exponentiell. Dieser Trend lässt die traditionellen Kreditinstitute nicht kalt. Sie suchen nach Möglichkeiten, sich hier einzuklinken und zu profitieren. So entwickelt die Sparkassen-Finanzportal GmbH mit „Ideenfabrik"[70] eine eigene Crowdfunding-Plattform, Volks- und Raiffeisenbanken bündeln über das Portal Viele-schaffen-mehr.de bereits entstandene Crowdfunding-Websites verschiedener Regionalpartner, und die Deutsche Bank Stiftung will über die Plattform „Social Impact Finance" Social Entrepreneurship aktiv unterstützen.[71] Andere Banken sind noch stärker involviert. Im September 2013 ging die Nachricht, die Berliner Volksbank eG beteilige sich direkt an der Bergfürst AG über die Ticker.[72] Und die Fidor Bank AG hat inzwischen ihre eigene Crowdlending-Plattform – hier „Social Lending" genannt" – eingerichtet[73] und fungiert im Crowdinvesting als Zahlungstreuhänder. Der Crowdfunding-Pionier Slava Rubin meint: „Vor 70 Jahren gab es keine Kreditkarten - jetzt hat die so ziemlich jede Bank im Angebot. Bald wird jedes Geldinstitut der Welt Crowdfunding anbieten."[74]

So drängt sich fast der Eindruck auf, Crowdfunding habe das Potenzial, Banken ihr traditionelles Kerngeschäft, Einlagen in Kredite umzuwandeln und damit den Wirtschaftskreislauf in Bewegung zu halten, neu zu lehren, wäre da nicht ein übler Nachgeschmack: Wirtschaftliche Risiken werden abermals auf die Schwächsten

abgewälzt, hier vor allem auf Kleinanleger, die in ihrer Mehrzahl finanzkauf-
männische Laien sind.

Mit Crowdfunding risikolos Geld zu verdienen, scheint auch der Traum der
Plattformbetreiber. Die Branche organisiert sich zunehmend besser und macht gute
Lobbyarbeit – im Fokus: Politik, Kammern und Verbände. Crowdfunding soll als
Finanzierungsmodell bekannter werden, und die gesetzlichen Hürden sollen
möglichst niedrig sein. Um ausreichend Umsatz für gute Profite zu generieren, muss
aus der Finanzierung über die Massen eine massenhafte Finanzierung werden. Auf
der Strecke bleiben dabei leicht Geldgeber ebenso wie Kapitalsuchende. Von
unerwarteten Steuernachzahlungen oder gar Insolvenzen überrascht und in ihren
Erwartungen enttäuscht, könnten sie das System schließlich zum Kippen bringen.
Aus diesem Grunde sind, anstelle oberflächlicher Informationen und emphatischer
Überzeugungsarbeit, Umsicht, Aufklärung und gezielte Beratung für Geldgeber und
Kapitalnehmer angezeigt. Denn, ob Crowdfunding sich dauerhaft als Finanzierungsmethode etablieren kann, hängt weitaus weniger als von Weichenstellungen seitens
der Politik als von der Crowd als Schlüsselfaktor in diesem Markt ab. Es genügt
darum nicht, über die Crowd zu reden, man muss mit ihr reden.

„Märkte sind Gespräche. Märkte bestehen aus Menschen, nicht aus demografischen
Segmenten. Gespräche zwischen Menschen klingen menschlich. (...) Das Internet
ermöglicht Gespräche zwischen Menschen, die im Zeitalter der Massenmedien
unmöglich waren. (...) Unternehmen können zum ersten mal mit ihren Märkten direkt
kommunizieren. Wenn sie bei diesen Gesprächen versagen, könnte das ihre letzte
Chance gewesen sein."[75] So haben es die Verfasser des Cluetrain Manifests vor 15
Jahren schon erkannt.

Die Crowd ist über die neuen Medien hervorragend vernetzt und hat auf diese Weise
schon politische Machthaber und Großkonzerne in Schrecken versetzt. Wenn sie
sich zu oft enttäuscht oder sich hinters Licht geführt sieht, könnte sie sich von den
Crowdfunding-Angeboten ab-, und sogar gegen die Akteure wenden.

Was erfolgreiches Crowdfunding sein kann, zeigen im unternehmerischen Kontext
unter anderem die erwähnten Beispiele von BrewDog, Philippe DuBois & Fils oder
Cosmopol Shop. Auch der „widerborstige Schuhproduzent" und erfolgreiche
Crowdfunder Staudinger kann als gutes Beispiel gelten, hat er nicht nur reichlich
Geld von „seiner" Crowd bekommen, sondern es auch geschafft, diese in seinen
Auseinandersetzungen mit den Finanzbehörden hinter sich zu scharen.[76]

Wenn über finanzielle Beteiligungen Konsumenten und Produzenten näher
zusammengebracht werden, Traditionelles bewahrt und zukunftsträchtige Ideen
verwirklicht werden, dann ist Crowdfunding zweifellos eine gute Sache. Die Nutzung
von Serverabwärme für Heizung und Warmwasserbereitung von Cloud&Heat
vormals AoTerra[77] hätte ohne die Crowdfinanzierung vermutlich kaum eine Chance
gehabt, ebenso wenig wie die älteste Uhrenfabrik der Schweiz. Manches Projekt aus
Kunst und Kultur wäre ohne Crowdfunding nicht zustande gekommen, und wenn

eine große Fangemeinde den Kinofilm „Stromberg"[78] finanziert, dann belastet das nicht die Kassen derer, die sich dafür nicht begeistern können.

Das Repertoire an Crowdfunding-Ideen ist längst noch nicht erschöpft, wie immer neue Initiativen zeigen: Auf der Plattform 100Fans.de entscheiden jeweils 100 potenzielle Leser über die Realisation eines Buchprojektes, bei den „Krautreportern" soll qualitativ hochwertiger Online-Journalismus über Jahres-Abos von 60 Euro aus der Crowd finanziert werden, und die Plattform crowdEner.gy hilft Genossenschaften, die Projekte im Bereich der erneuerbaren Energien realisieren, neue Mitglieder gewinnen. Ein besonderes Funding-Experiment mit dem Namen „#dScholarship" begann Ende April 2014. Der Berliner Architekt und Querdenker Van Bo Le-Menzel will ausloten, ob die Crowd bereit ist, ihm seinen Lebensunterhalt für 2015 zu sponsern und ihm so ein Sabbatjahr zu ermöglichen - Zielsumme: 18.000 Euro, zu erreichen bis September 2014. Als Dankeschön verspricht er gutes Karma und ein noch zu schreibendes Buch.[79]

Wie sich Crowdfunding in seinen unterschiedlichsten Varianten weiterentwickeln wird, darf also mit Spannung beobachtet werden. Einiges lässt sich jedoch heute schon prognostizieren. Unproblematisch ist das **Crowddonating**. Im gemeinnützigen Bereich ist das Spendensammeln via Internet längst akzeptiert. Spender und Organisationen nutzen die angebotenen Möglichkeiten inzwischen genauso selbstverständlich wie Konsumenten und Händler Online-Shops und Online-Marktplätze. Crowddonating zur finanziellen Unterstützung von kostenfreien Service-Leistungen im Web ist dagegen bei uns noch wenig etabliert, und es ist fraglich, ob und wann sich daran etwas ändert.

Crowdlending könnte sich auch bei uns als Alternative zur klassischen Bank weiter durchsetzen. Angesichts der Niedrigzinspolitik ist es unattraktiv geworden, Geld traditionell anzulegen. Hier locken die Microlending-Plattformen mit besseren Konditionen - gegen höheres Risiko. Einen „Einlagensicherungsfond", wie wir ihn im traditonellen Bankgeschäft finden, gibt es dort nicht. Die niedrigen Zinsen versetzten überdies Kreditinstitute überdies in die Lage, günstige Finanzierungen für „gute Risiken" anzubieten. Wer ein geregeltes Einkommen und eine solide SCHUFA hat, kann sich bei seiner Hausbank oder einem ihrer Konkurrenten derzeit durchaus günstig mit Kapital versorgen. So bleiben für Crowdlending oft nur die „schlechten Risiken".

Crowdfunding im Sinne von **Crowdsponsoring** ist bei uns, trotz der 2013 einge-sammelten knapp acht Millionen Euro[80], noch ein sehr kleiner Markt im Vergleich zu den schätzungsweise fünf Milliarden Euro an Spendenaufkommen im selben Jahr[81] und etwa noch einmal der gleichen Summe, die alljährlich in Deutschland für Sponsoring aufgewandt wird.[82] Diese Zahlen belegen, wie es um Unterstützerkapital und Geberbereitschaft in Deutschland bestellt ist. Beides ist reichlich vorhanden. Davon kann auch Crowdfunding profitieren. Die Gesellschaft wandelt sich und mit ihr die Vergabekultur. Das Internet wird zunehmend zum Marktplatz – auch für

Sponsoring. Von entscheidender Bedeutung dürfte jedoch sein, dass die (steuer-) rechtlichen Rahmenbedingungen geklärt und den Beteiligten bekannt sind.

Ähnlich verhält es sich im Bereich **Crowdinvesting**. Hier steht den knapp 23 Millionen Euro Umsatz der Crowdinvesting-Portale in 2013 die gewaltige Summe von 4,68 Milliarden Euro an Beteiligungskapital gegenüber, welche laut Bundesverband Deutscher Kapitalbeteiligungsgesellschaften im selben Jahr in Deutschland investiert worden ist.[83] Ursache dafür ist nicht zuletzt, dass die Kapitalvermögen stetig anwachsen. Unter diesem Aspekt haben Crowdinvestings durchaus Chancen auf Erweiterungskapital von den Profis, wie die Beispiele von Bloomy Days (VC 6/2013 im 6-stelligen Bereich durch Otto Capital und Atlantic Ventures) oder Lendstar (VC 8/2013 im 5-stelligen Bereich durch LUNAR Europe)[84] zeigen.

Kritisch zu betrachten ist das Geschäftsmodell der Crowdinvesting-Plattformen, das auf Umsatzrendite basiert. Eine gründliche Auswahl, eine Prüfung von Geschäftsideen und Gründerpersönlichkeiten ist somit weder leistbar noch gewollt. Die Betreibergesellschaften stehen neben der wachsenden Konkurrenz aus den eigenen Reihen im Wettbewerb mit anderen Finanziers. Weil die Zahl potenter Geschäftsideen zwangsläufig nicht im gleichen Maße zunehmen kann, wie das Angebot wachsen muss, wenn es sich für die Plattformbetreiber rechnen soll, bedeutet das: Masse wird zunehmend „Klasse" ersetzen. Seedmatch postuliert es direkt: „Die Start-ups nutzen die Gelder der Investoren, um aus ihrer wachsenden Idee ein nachhaltiges Geschäftsmodell zu entwickeln."[85] Es genügt also eine ausbaufähige Idee... Für die Investoren wird diese Anlageform so immer mehr zum Lotteriespiel, aber auch unbedarfte Jungunternehmer könnten Schaden erleiden: Insolvenzen sind keine wünschenswerte Erfahrung und können u. a. mit einer anhaltenden Rufschädigung verbunden sein.

Auch wenn sich über Crowdinvesting wohl kaum keine neue Finanzmarktblase aufbauen wird, ist es verständlich, dass die Regierenden, alarmiert von Verbraucher-schützern, die Gefahren erkennen und diesen entgegenwirken wollen. Die „Prospektpflicht" auf alle Kapitalsuchenden im Crowdinvesting auszudehnen, scheint allerdings keine probate Lösung; die Einführung einheitlicher Standdards, sowie Qualitätskontrollen und eine Haftung der Plattformbetreiber für irreführende oder falsche Angaben, könnte Sinn machen.

Selbstorganisiertes Crowdinvesting oder Crowdsponsoring wird wohl eine Ausnahme bleiben, die nur wenigen, entsprechend gut aufgestellten Unternehmen und Organisationen vorbehalten ist. Die Mehrheit der Crowdfunding-Aspiranten wird sich weiterhin den Plattformen anvertrauen, und, da Crowdfunding immer populärer wird, wird dieser Markt kurzfristig weiter wachsen, ehe die übliche Marktbereinigung einsetzt. Langfristig halten werden sich wahrscheinlich nur große gut aufgestellte Anbieter mit entsprechender Ertragslage, sowie – mutmaßlich institutionell gestützt – kleine Spezialanbieter. Zu erwarten ist außerdem, dass sich Finanzdienstleister und Kreditinstitute verstärkt im Crowdfunding-Markt engagieren werden.

Bleibt die Frage nach der Sicherheit des Netzes. Nicht erst seit Edward Snowdens Enthüllungen wissen wir, dass hier viele Gefahren lauern. Für Crowdfunder wurden diese ganz real, als im Februar 2014 die US-Plattform Kickstarter Opfer eines Hackerangriffs wurde.[86] In Datensicherheit werden die Portale künftig einiges investieren müssen.

Und wir? Das Internet ist aus unserem Leben nicht mehr wegzudenken, doch wie sehr können wir ihm vertrauen? Wollen wir wirklich aller Welt mitteilen, wer wir sind, was wir machen, welchen Finanzbedarf wir haben, und inwieweit andere bereit sind, uns für unsere Vorhaben Geld zu geben? Wie transparent wollen wir sein? Auch diese Fragen werden einen Einfluss auf die weitere Entwicklung von Crowdfunding haben.

Im Augenblick überwiegen noch Begeisterung und – Hoffnung. Crowdfunding macht Hoffnung in einer Zeit schwieriger Finanzmärkte. Die einen lässt es hoffen, dass sich über Crowdfunding eine neue „Gemeinwohlökonomie" entwickelt, eine Wirtschaft des sinnvollen Miteinanders statt der egoistischen Ellenbogen. Andere knüpfen an Crowdfunding ganz persönliche Hoffungen. Sie wollen sich über Crowdfunding ihren Projekt- oder Unternehmenstraum zu erfüllen, oder sie hoffen als Kleinanleger auf gute Renditen. Wieder andere hoffen, im Crowdfunding-Bereich ein lukratives Internetbusiness für sich entdeckt zu haben.

Ob und wie Crowdfunding sich letztlich als Finanzierungsmethode des digitalen Zeitalters langfristig durchsetzen wird, ob es vor allem von einer aus den Fugen geratenen Finanzwirtschaft benutzt wird, sich neue Marktsegmente zu erschließen und abzuschöpfen, oder es tatsächlich Ausgangspunkt für ein konstruktives Miteinander im Bereich der Ökonomie sein wird, darüber entscheidet schlussendlich niemand anders als – die CROWD!

Literaturverzeichnis

Prof. Dr. Beck, Ralf: Crowdinvesting - Die Investition der Vielen, Düsseldorf 2012

Begner, Jörg: Crowdfunding im Licht des Aufsichtsrechts - Was Plattformbetreiber und kapitalsuchende Anbieter von Beteiligungsmöglichkeiten beachten müssen; BaFin-Publikation 05.09.2012

Bundesverband Deutscher Kapitalbeteiligungsgesellschaften – German Private Equity and Venture Capital Association e.V. (BVK): BVK-Statistik - Das Jahr in Zahlen 2013, Berlin, Februar 2014

Dapp, Thomas F.: Crowdfunding - An alternative source of funding with potential, in Deutsche Bank AG DB Research, Frankfurt am Main, 18.03.2013

Dapp, Thomas F. u. Laskawi, Christoph: Crowdfunding - Trübt die Euphorie der Crowd das Risikobewusstsein? in Deutsche Bank AG DB Research, Frankfurt am Main, 14.04.2014

De Buysere, Kristof u. a.: A Framework for European Crowdfunding, EU 2012

Dörner, Stephan: Crowdinvesting: Der sonderbare Aufstieg eines Exoten-Darlehens,The Wall Street Journal Deutschland, 05.12.2013

Elsner, Dirk: Crowdfunding in Deutschland - Die Pubertät ruft, The Wall Street Journal, 14.02.2013

Frohwein, Sven: SCHWARMFINANZIERUNG - Crowdfunding – Wie Firmengründer im Netz Geld sammeln können, Der Westen, 23.04.2013

Giudici, Giancarlo u. a.: Why Crowdfunding Projects Can Succeed: The Role of Proponents' Individual and Territorial Social Capital, Social Science Electronic Publishing, 24.04.2013

Haeming, Anne: Crowdfunding: Die Chefs, das sind wir alle - Spiegel Online, 19.06.2013

Hammon, Larissa u. Prof. Dr. Hippner, Hajo: Crowdsourcing in DOI 10.1007/s11576-012-0321-7, 26.04.2012

Harms, Michel: What Drives Motivation to Participate Financially in a Crowdfunding Community? Vrije University Amsterdam, 2007

Hecking, Mirjam: Crowdfunding-Pionier Slava Rubin: "Der Zugang zu Kapital ist kaputt", Manager Magazin online, 21.01.2014

Herbold, Astrid: Projektfinanzierung - Das leise Sterben der Crowdfunding-Plattformen, Zeit online; 29.08.2012

Hermer, Joachim u. a.: Fraunhofer Institut für System- und Innovationsforschung ISI. Crowdinvesting und andere Formen informeller Mikrofinanzierung in der Projekt- und Innovationsfinanzierung, Stuttgart 2011

Hollow, Matthew: Crowdfunding and Civic Society in Europa - A Profitable Partnership?, Academia.edu 2013

Jauernig, Henning: Crowdinvesting und Crowdfunding: So können Privatanleger in Start-ups investieren, Spiegel Online, 07.04.2014

Kimmel-Fichtner, Tatjana: CROWDINVESTMENT - Startkapital vom Schwarm, Zeit Online, 17.12.2012

Laird, Michèle: Internet-Crowdfunding - Wie Konsumenten zu kreativen Köpfen werden, swissinfo.ch, 21.03.2013

Laird, Michèle: Tickend Vorwärts - Crowdfunding rettet älteste Uhrenfabrik, swissinfo.ch, 21.03.2013

Lanzke, Alice: Das Geld des Schwarms, ARD.de 02.10.2012

Leimeister, Jan Marco: Crowdsourcing, Cowdfunding, Crowdvoting, Crowdcreation, ZfCM | Controlling & Management 56. Jg. 2012, H.6

Levine, Rick u. a.: Das Cluetrain Manifest - 95 Thesen für die neue Unternehmens-kultur im digitalen Zeitalter, dt. Fassung, München 2002

Moritz, Raphael: CROWDINVESTING - Die Suche nach dem nächsten großen Wurf, Handelsblatt online am 08.09.2013

Mollick, Ethan R.: The Dynamics of Crowdfunding: Determinants of Success and Failure, Journal of Business Venturing 29 (1):1–16, 2012.

Ordanini, A., L. Miceli, M. Pizzetti, and A. Parasuraman: Crowd-funding: Transforming Customers into Investors through Innovative Service Platforms. Journal of Service Management 22: 443–70, 2011

Pfeil, Markus: Crowdinvesting – Das nächste große Ding, Zeit Online 18.04.2013

Pfeil, Markus: Crowdinvesting - Im Schwarm in die Pleite, WirtschaftsWoche Online, 05.05.2014

von Ritter, Konrad, and Diann Black-Layne: Crowdfunding for Climate Change: Climate Action at the Local Level?, in European Capacity Building Initiative (www.eurocapacity.org), 2013

Werle, Klaus: Breit angelegt, Manager Magazin 4/2013

Weiterführende Links

blog.smallcapservice.de/tag/crowd/

www.cofunding.de

www.crowdbiz.de

www.crowdfunding.de

www.crowdfunding-berlin.com/de/

www.crowdstreet.de

www.crowdsourcingblog.de

www.crowdsourcing.org

www.europecrowdfunding.org

www.fuer-gruender.de

www.germancrowdfunding.net

www.ikosom.de

Danksagungen

Ich bedanke mich herzlich bei der Berliner Jungunternehmerin und erfolgreichen Crowdfunderin Uli Marschner, die mir im Sommer 2012 durch ihren Vortrag in der Berliner WeiberWirtschaft eG und ihre weiteren Statusberichte wichtige Einsichten vermittelt hat. Außerdem bedanke ich mich bei den Kollegen Johannes Tschesche und Dr. Angelica Laurençon für die Informationen, die sie mir zum Thema zur Verfügung gestellt haben. Bei Johannes Tschesche bedanke ich mich besonders dafür, dass er mir seine Grafik, welche die unterschiedlichen Begriffe übersichtlich erklärt, zur Veröffentlichung übelassen hat. Das gilt auch für René Klein und die Redaktion von Für-Gründer.de, deren Marktanalysen wichtige Informationen über die Entwicklung von Crowdfunding liefern.

Ein ganz besonderer Dank gebührt meiner Nichte Jeanette Fadel, die mir als Absolventin der Wirtschaftswissenschaften an der BTU Cottbus zahlreiche kritische Fragen gestellt und wichtige Anregungen zur Bearbeitung dieses komplexen Themas geliefert hat.

Bedanken möchte ich mich überdies bei Melanie Vogel, der Initiatorin des Bonner Messekongresses Women&Work, über die der Kontakt zu meinem Verlag zustande kam, sowie bei meiner Lektorin Christina Schmidt-Hoberg für ihre freundliche Kooperation.

Die Autorin

Ilona Orthwein ist ausgebildete Kauffrau und Sozialwissenschaftlerin (M.A. FU Berlin 1990), sie hat ein Aufbaustudium im Bereich Betriebswirtschaft (ITW/TFH Berlin 1991) absolviert und war anschließend zwölf Jahre im internationalen Bankgeschäft tätig, ehe sie 2003 die „Orthwein Unternehmens- und Organisationsberatung" gründete. Unternehmen und soziale Organisationen werden hier zu Finanzierungsfragen, Marketing und Organisationsentwicklung beraten. Dabei verfolgt die Beraterin einen systemischen Ansatz.

Im Juni 2005 ging mit Unternehmerinnen.org eine von Ilona Orthwein konzipierte soziale Internetplattform für selbstständige Frauen ans Netz. Seither leitet sie das Projekt, das 2012 von der Initiative Mittelstand mit dem „Innovationspreis-IT" in der Kategorie „Web 2.0 und Social Media" ausgezeichnet wurde.

Ilona Orthwein schreibt und referiert zu Themen wie Enterprise 2.0, Social-Media-Marketing, Crowdfunding, sowie zu wirtschaftsethischen Fragen und der Rolle von Frauen in der Wirtschaft. Sie war mehrere Jahre ehrenamtlich als Coach und Jurorin für den Businessplan-Wettbewerb Berlin-Brandenburg und im bundesweiten Wettbewerb Startsocial tätig, sowie 2013 „Wirtschaftspatin" im „Funpreneur-Wettbewerb" der Berliner Universitäten.

Quellenangaben

[1] verkürztes Zitat aus Aristoteles Metaphysik VII - ausführlicher: "Das was aus Bestandteilen so zusammengesetzt ist, dass es ein einheitliches Ganzes bildet, nicht nach Art eines Haufens, sondern wie eine Silbe, das ist offenbar mehr als bloss die Summe seiner Bestandteile. Eine Silbe ist nicht die Summe ihrer Laute: ba ist nicht dasselbe wie b plus a, und Fleisch ist nicht dasselbe wie Feuer plus Erde."

[2] http://www.intel.com/content/www/us/en/communications/internet-minute-infographic.html abgerufen 05.05. 2014

[3] Jutta Schwengsbier: Blogs aus dem Urwald - Mithilfe des Internets wehren sich Indios gegen Raubbau, Deutschlandfunk 29.08.2009 http://www.dradio.de/dlf/sendungen/computer/1025342/; vgl. auch Eliane Fernandes Ferreira: Von Pfeil und Bogen zum »Digitalen Bogen«- Die Indigenen Brasiliens und das Internet, Bielefeld 2/ 2009

[4] http://de.wikipedia.org/wiki/Wikipedia

[5] Wikimedia-Deutschland-Factsheet; eine Übersicht über die Aktivitäten von Wikimedia Deutschland e. V. bietet die Seite „Über uns" auf der Website des Vereins (Wikimedia.de) – abgerufen im 11.03.2013.

[6] Pierre Lévy: Die kollektive Intelligenz. Für eine Anthropologie des Cyberspace, Köln 1998 , S.29

[7] Gustave Le Bon: Psychologie des foules, Paris 1895

[8] Sascha Lobo: S.P.O.N. - Die Mensch-Maschine: Den Schwarm interessiert nur das Ergebnis, Spiegel Online 02.04.2013

[9] re:publica 2013, Vortrag Carolina Ödman-Govender: Crowdsourced Astronomy, http://youtu.be/DQmfFWQBlHw abgerufen 05.05.2014

[10] http://www.cluetrain.com/auf-deutsch.html, vgl. Rick Levine, Christopher Locke, Doc Searls: Das Cluetrain Manifest. 95 Thesen für die neue Unternehmenskultur im digitalen Zeitalter. Dt. Ausgabe ersch. im Econ Verlag, München 2002

[11] Stefan Beutelsbacher: Wenn ein Shitstorm das Konzern-Image zerstört, Die Welt online, 15.07.2011

[12] http://de.guttenplag.wikia.com/wiki/GuttenPlag_Wiki abgerufen 05.05.2014

[13] Andreas Mann: Teilen statt Kaufen, WirtschaftsWoche Online, 06.01.2012

[14] http://www.deutsche-startups.de/2013/07/02/sharing-economy-alle-konzepte/ abgerufen 05.05.2014

[15] https://www.seedmatch.de/startups/lendstar abgerufen 05.05.2014

[16] Fuer-Gruender.de: Crowdfunding setzt seinen Wachstumskurs fort, 22.04.2014 http://www.fuer-gruender.de/blog/2014/04/crowdfunding-q1-2014/ abgerufen 03.05.2014

[17] http://www.fuer-gruender.de/blog/2014/04/crowdinvesting-q1-2014/ abgerufen 03.05.2014

[18] http://www.finanzen.net/nachricht/aktien/Crowdfunding-P2P-Marktfuehrer-auxmoney-mit-neuem-Rekord-2871379 abgerufen 05.05.2014

[19] http://blog.seedmatch.de/2013/08/16/betandsleep-stellt-den-geschaeftsbetrieb-ein/ abgerufen 05.05.2014

[20] Markus Pfeil: Crowdinvesting – Im Schwarm in die Pleite, WirtschaftsWoche Online, 05.05.2014

[21] https://www.seedmatch.de/startups/tampons-for-you abgerufen 05.05.2014

[22] http://crowdstreet.de/2014/01/30/liste-der-crowdfunding-problemfaellen/ abgerufen 05.05.2014

[23] Unter dem Stichwort „kickstarter reward not delivered" finden sich Links u. a. zu Erfahrungen von Sponsoren und die Position von Kickstarter zum Thema.

[24] James B. Bell, Richard L. Adams: In Search of Liberty: The Story of the Statue of Liberty and Ellis Island. Doubleday & Co., Garden City, NY 1984, S. 40–41

[25] https://www.sellaband.com/en/pages/about_us bzw. Impressum, abgerufen 05.05.2014

[26] Laura Locke: Kickstarter crowdsourced cash empowers US innovators, BBC 29.03.2012 http://www.bbc.com/news/technology-17531736 abgerufen 05.05.2014

[27] http://www.fuer-gruender.de/kapital/eigenkapital/crowd-funding/crowd-funding-pling/ abgerufen 11.05.2014

[28] http://www.fuer-gruender.de/blog/2014/04/crowdfunding-q1-2014/ abgerufen 05.05.2014

[29] Startnext.de / FAQ Stand 11.05.2014

[30] Michèle Laird: INTERNET-CROWDFUNDING -Wie Konsumenten zu kreativen Köpfen werden, swissinfo.ch, 21.03.2013

[31] http://www.crowdfunding.de/plattformen/

[32] Rafael Moritz: Crowdinvesting – Die Suche nach dem nächsten großen Wurf, Handelsblatt Online, 08.09.2013

[33] Deutschlands Zukunft gestalten - Koalitionsvertrag zwischen CDU, CSU und SPD, 18. Legislaturperiode, S. 22

[34] http://www.whitehouse.gov/economy/business/startup-america abgerufen 05.05.2014

[35] https://www.dealstruck.com/news/tag/crowdlending/ abgerufen 04.05.2014

[36] Deutsche Wirtschafts Nachrichten: Banken-Sterben in Deutschland - Nur die Großen überleben, 21.01.2014

[37] https://www.lendingclub.com/ abgerufen 10.04.2014

[38] Mike Butcher: P2P Lending Pioneer Zopa Closes $25m From Hedge Fund For UK Expansion, 30.01.2014, Techcrunch.com http://techcrunch.com/2014/01/30/p2p-lending-pioneer-zopa-closes-25m-from-hedge-fund-for-uk-expansion/ abgerufen 10.04.2014

[39] vgl. ebd.

[40] Claudia Pelzer: 5 Gründe, warum Crowdlending in diesem Jahr durchstartet, 30.01.2014, Crowdsourcingblog.de http://www.crowdsourcingblog.de/blog/2014/01/30/5-grunde-warum-crowdlending-in-diesem-jahr-durchstartet/ abgerufen 10.04.2014

[41] https://www.auxmoney.com/infos/geld-leihen-mit-auxmoney abgerufen 10.04.2014

[42] https://www.lendingclub.com/business/ abgerufen 10.04.2014

[43] http://www.brewdog.com/blog-article/equity-for-punks-more-shares-released. abgerufen 10.05.2014

[44] Michèle Laird, INTERNET-CROWDFUNDING -Wie Konsumenten zu kreativen Köpfen werden, swissinfo.ch, 21.03.2013

[45] www.bafin.de/DE/Aufsicht/Prospekte/ProspekteWertpapiere/Prospektpflicht/prospektpflicht_node.html, abgerufen 10.05.2014

[46] Stephan Dörner: Crowdinvesting: Der sonderbare Aufstieg eines Exoten-Darlehens,The Wall Street Journal Deutschland, 05.12.2013

[47] vgl. u.a. http://kurier.at/wirtschaft/finanzen/staudinger-vs-fma-rebell-gibt-klein-bei-aber-nicht-auf/48.939.445 abgerufen 10.05.2014

[48] Jörg Begner: Crowdfunding im Licht des Aufsichtsrechts, BaFin-Publikation 05.09.2012 http://www.bafin.de/SharedDocs/Veroeffentlichungen/DE/Fachartikel/2012/fa_bj_2012_09_crowdfunding.html

[49] zitiert nach Markus Pfeil: Crowdinvesting – Das nächste große Ding, ZeitOnline 18.04.2013

[50] http://blog.seedmatch.de/2013/08/16/betandsleep-stellt-den-geschaeftsbetrieb-ein/ abgerufen 10.05.2014

[51] zitiert nach Raphael Moritz: CROWDINVESTING - Die Suche nach dem nächsten großen Wurf, Handelsblatt online am 08.09.2013

[52] vgl. https://www.seedmatch.de/agb unter 3.Nutzung der Plattform abgerufen 10.05.2014

[53] vgl.,Bergfürst AG, Besondere Geschäftsbedingungen für Investoren („Investoren-AGB"), 1.2, https://de.bergfuerst.com/besondere-geschaeftsbedingungen abgerufen 10.05.2014

[54] vgl. https://www.mashup-finance.de/fuer-gruender abgerufen 10.05.2014

[55] vgl. Karsten Wenzlaff: Welche Steuern muss ich beim Crowdfunding zahlen? 08.02.2014, Ikosom.de http://www.ikosom.de/2014/02/08/welche-steuern-muss-ich-beim-crowdfunding-zahlen/ abgerufen 12.05.2014

[56] vgl. ebd.

[57] Stephan Dörner: Crowdinvesting: Der sonderbare Aufstieg eines Exoten-Darlehens,The Wall Street Journal Deutschland - WSJ Blogs, 05.12.2013

[58] vgl. Haufe.de / Finance http://www.haufe.de/finance/finance-office-professional/stille-beteiligungen-rechtsgrundlagen-bilanzausweis-un-31-behandlung-im-handelsrechtlichen-jahresabschluss_idesk_PI11525_HI1728152.html abgerufen 01.05.2014

[59] http://www.prokon.net Allgemeine Informationen zum Insolvenzverfahren abgerufen 11.05.2014

[60] Lars-Marten Nagel: Nach Insolvenz - Prokon soll geschrumpft weiterleben können, Die Welt online, 02.05.2014

[61] http://de.wikipedia.org/wiki/Stora_Kopparbergs_bergslag, abgerufen 04.05.2014

[62] Anne Haeming: Crowdfunding: Die Chefs, das sind wir alle – SpiegelOnline, 19.06.2013

[63] http://www.manomama.de/blog/2012/10/08/ende-september-fallt-dieses-jahr-auf-ende-oktober/ abgerufen 04.05.2014

[64] http://www.startnext.de/stoersender abgerufen 05.05.2014

[65] http://www.inkubato.com/de/projekte/bogkbier abgerufen 03.05.2014

[66] http://mashable.com/2014/03/25/kickstarter-oculus-facebook/ abgerufen 04.05.2014

[67] Kimmel-Fichtner, Tatjana:CROWDINVESTMENT - Startkapital vom Schwarm, Zeit online, 17.12.2012

[68] ebd.

[69] Moritz, Raphael: CROWDINVESTING - Die Suche nach dem nächsten großen Wurf, Handelsblatt online, 08.09.2013

[70] Till Dziallas: Crowdfunding-Plattform von Sparkassen-Finanzportal und Table of Visions - "Ideenfabrik" geht an den Start, 11.04.2013, Internetworld.de http://www.internetworld.de/Nachrichten/E-Commerce/Dienstleistungen/Crowdfunding-Plattform-von-Sparkassen-Finanzportal-und-Table-of-Visions-Ideenfabrik-geht-an-den-Start-75366.html, abgerufen 03.05.2014

[71] http://socialimpactlab.eu/unternehmen/finance abgerufen 03.05.2014

[72] https://de.bergfuerst.com/ueber-bergfuerst/presse

[73] https://www.fidor.de/produkte/social-lending, abgerufen 11.05.2014

[74] Hecking, Mirjam: Crowdfunding-Pionier Slava Rubin - "Der Zugang zu Kapital ist kaputt", Manager Magazin online, 21.01.2014

[75] siehe 10.

[76] vgl.u. a. http://derstandard.at/r1350260118654/Waldviertler abgerufen 03.05.2014

[77] https://www.cloudandheat.com/ abgerufen 03.05.2014

[78] http://www.rp-online.de/digitales/internet/stromberg-der-film-das-steckt-hinter-crowdfunding-aid-1.4047717 abgerufen 03.05.2014

[79] vgl. http://www.startnext.de/dscholarship, abgerufen 04.05.2014

[80] vgl. http://www.fuer-gruender.de/blog/2014/04/crowdfunding-q1-2014/ abgerufen 05.05.2014

[81] Felix Holtermann: Rund fünf Milliarden Euro Deutschland ist Spendenweltmeister, Frankfurter Allgemeine Zeitung Online, 22.12.2013

[82] vgl. http://www.presented-by.de/allgemein_category/sponsor-visions-2012/ abgerufen 04.05.2014

[83] Bundesverband Deutscher Kapitalbeteiligungsgesellschaften – German Private Equity and Venture Capital Association e.V. (BVK): BVK-Statistik - Das Jahr in Zahlen 2013, Berlin, Februar 2014, S. 3

[84] vgl. http://crowdstreet.de/2012/12/26/liste-von-crowdfundings-mit-erfolgreicher-anschlussfinanzierung/ abgerufen 04.05.2014

[85] Seedmatch GmbH: Crowdfunding-Handbuch – Wie investiert man in Start-ups? eBook 2014, S. 15

[86] dpa-Meldung vom 17.02.2014 via http://www.focus.de/digital/computer/internet-nach-hackerangriff-passwort-bei-kickstarter-aendern_id_3620801.html abgerufen 04.05.2014